집을 나선 여자들

집을 나선 여자들

다시 나의 길을 찾는 법

최정은 지음

옐로브릭

차례

머리말   006

1부   집을 나서다

1 **문을 열고 나갈 수 있을까?** + 문 밖에 사자가 있다   017
2 **버틴 뒤에야 시작할 수 있는 힘** + 키오스크   027
3 **내 안의 목소리를 따라서** + 파리의 작은 인어   034
4 **상처를 두려워하지 말고** + 반창고   045
   길 위에서 만난 사람 1   053

2부   길 위에 서다

5 **실패가 선물이 될 때** + 노를 든 신부   059
6 **기다림은 축적의 시간으로** + 대주자   066
7 **돌아가며 길을 넓히는 법** + 문 앞에서   076
8 **내 모습이 자꾸 작아질 때** + 곰과 수레   082
   길 위에서 만난 사람 2   092

3부 흔들리며 가는 길

9	잠시 쉬어가도 괜찮아 + 끄로끄	099
10	꿈과 현실의 경계에서 + 하늘을 나는 배, 제퍼	108
11	함께 걷는 길 + 스쳐간 풍경들은 마음속 그림으로	116
12	천천히 그리고 조금 외롭게 걷는 길 + 버스를 타고	124
	길 위에서 만난 사람 3	133

4부 이제 더 분명해진 나의 길

13	먹고사는 일의 우아함 + 막두	141
14	돌아볼 때 선명해지는 길 + 변기의 신나는 모험	149
15	비로소 마주한 것 + 수많은 날들	156
16	이 길 끝에서 + 끝의 아름다움	164
	길 위에서 만난 사람 4	171

맺는 말 175
그림책 목록 181

머리말

나의 바다로

니콜라우스 하이델바흐 글·그림, 《난 커서 바다표범이 될 거야》

외딴 해변에 한 가족이 살고 있다. 아빠는 고기 잡으러 바다에 나가고, 엄마는 집안일을 한다. 아이는 엄마가 들려주는 바다 이야기를 듣고 자랐다. 하지만 아이는 엄마가 바다에 나가는 걸 본 적이 없다.

아이는 엄마가 들려주는 신비로운 바다 이야기 속에서 꿈을 꾸며 자란다. 그러던 어느 날, 아이는 호기심 가득한 얼굴로 엄마에게 묻는다. 엄마가 들려주는 저 넓고 깊은 바닷속에 들어가 보았는지 묻는다. 그러자 엄마는 아이를 바라보며 조용히 대답한다.

"어부의 아내는 헤엄치면 안 돼."

  어느덧 그림책 속 아이는 자라 하루 종일 바다에서 시간을 보낸다. 바다로 아이를 보낸 엄마는 자기 날개옷을 찾아 창고를 치우기 시작한다. 엄마도 이제 준비가 된 것이다. 밤마다 아이에게 들려주었던 이야기, 육지에 올라와 가죽을 벗고 인간이 된 바다표범 '셀키' 이야기 속 주인공은 바로 그녀다. 그녀는 남편이 감춘 바다표범 가죽을 찾기 시작한다.

  옛 이야기에 상상의 씨앗을 심어 새롭게 들려주는 니콜라우스 하이델바흐의 그림책《난 커서 바다표범이 될 거야》의 이야기다.

  결혼하고, 아이를 낳아 기르며 스스로에게 '지금은 안 돼'라고 얼마나 되뇌었나? 셀 수 없이 많은 순간 그렇게 나를 설득했다. '지금은 안 돼. 아이들이 좀 더 클 때까지…'라며 자신을 다독였다.

  바다에서 헤엄치기를 멈추고, 땅에서 살아가는 삶에 최선을 다한 엄마. 아이가 성장하자 다시 자신의 바다로 나아갈 준비를 하는 바다표범 여인은 우리의 모습이다.

인생에 찾아온 돌봄의 시간 동안 한 장 한 장 벽돌을 올려 견고하고 안전한 집을 지었다. 그렇게 정신없이 살다 보니 내 이름보다 누구의 아내, 누구의 엄마가 익숙한 이름이 되었다. 다시 내 이름을 찾아 집을 나서기까지, 10년의 시간이 흘렀다.

돌아보면 그 시절 나는 그림책 속 엄마처럼 평정심을 지키지 못했다. 많이 좌절했고, 멀어진 바다를 보며 슬퍼했다. 멈추어 있는 나와 달리 자신의 바다로 달려가는 사람을 보며 초조해했다.

그렇게 더디 가던 시간이 흐르고, 다시 세상으로 나갈 때가 왔다. 그런데 마냥 기뻐할 수 없었다. 주저하고, 망설였다. 얼른 바다로 달려가 뛰어들고 싶었지만 내가 헤엄칠 바다가 어디인지 알 수 없었다. 바다로 가는 길이 안개 낀 듯 희미했다. 헤엄치고 싶은 마음만큼 바다로 나아가기가 무서웠다. 거침없이 달려가고 싶다는 마음과 안전한 곳에 머무르고 싶은 마음이 함께 일렁였다.

그때, 어디로 가고 싶은지도 알지 못하는 나를 아이들

이 바다로 힘껏 밀어주었다. 마지못해 주저하며 한 걸음 내디뎠다. 솔직히 말하면 상황에 떠밀려 나갔다. 흔들리는 마흔의 삶을 버티려면 용기를 낼 수밖에 없었다. 어느새 훌쩍 자라서, 엄마의 바다를 항해하라는 아이들의 시선에 쫓겨 길을 나섰다. 그렇게 나는 긴 멈춤의 시간을 보내고, 나의 바다로 나아갔다.

다시 시간이 흘러 어느덧 15년이 지났다. 그동안 나는 내가 가고 싶은 길을 찾으며 걸어왔다. 단번에 그 길을 찾은 것은 아니다. 시간과 마음을 들여 찾은 길이 기쁨으로만 가득한 것도 아니다. 길을 걸으며 늘 갈등하고 번민했다.

그림책 속 엄마도 아이가 찾아준 바다표범 가죽을 입고 바다로 향했다. 바다표범 여인의 마음을 상상해 본다. 그녀의 발걸음이 가볍지만은 않았을 것이다. 유유히 바다로 나아갔지만, 늘 마음 한편은 땅 위에 둔 채였을 것이다. 자주 해안가로 찾아와 아이를 바라봤을 것이다.

'나를 위해 이렇게 해도 되는가?'라는 물음을 마음 한 구석에 품고 걸었다. 고만고만한 살림살이에 한창 교육

비가 필요한 아이들을 보며 늘 고민했다. '나는 엄마인데, 내가 바라는 일을 한다는 건 이기적인 선택이 아닐까?' 자문하고, 아이가 겪는 성장통이 나 때문인 것 같아 자주 숨죽여 울었다.

나의 바다를 찾아가는 걸음은 엄마인 나와 자기 길을 찾는 나 사이에서 갈등하며 걷는 길이었다. 그리고 이제는 이기적인 엄마로 살아도 될 때임을 알았다. 그 선택을 후회하지 않는다.

바다표범 여인도 그랬을 것이다. 이따금 커다란 바위에 갓 잡은 고등어 두 마리를 가져다 놓고는 앞으로 나아갔을 것이다. 바다표범이나 뱃사람이 되어 바다를 누비는 꿈을 꾸는, 자신과 꼭 닮은 아이를 믿고, 주저하는 마음을 돌려 더 넓고 깊은 바다로 향했을 것이다.

'좋은 엄마'가 되겠다는 마음을 내려놓고, 나를 알아가는 길을 선택해 걸었다. 애당초 '좋은 엄마'라는 건 없다. 좀 더 나다운 모습으로 우리 아이의 엄마면 충분하다. 그렇게 내가 좋아하는 일을 선택하며 걸었다. 우리 아이들도 나의 뒷모습을 보며 자신의 길을 찾아 걷기를 기도 하며 나아갔다.

희미해 보이는 길을 걸으며 알게 된 중요한 사실 하나는, 이 길은 특별한 길이 아닌 고유한 길이라는 것이다. 반짝반짝 빛나는 길이 아니라 나의 눈물과 흔들림이 스며든 나만의 길이다. 이 사실을 알게 되자 다른 사람을 보며 풍선처럼 부풀던 초라함과 초조함이 조금씩 빠져나갔다.

특별하지는 않아도 고유하게 쓰임 받는 길을 걸으면 된다는 것을 이제는 안다. 나의 고유한 빛을 찾아 묵묵히 걸어가면 된다.

바다표범 여인은 다시 찾은 바다 세상에서 무엇을 보았을까?

마흔에 다시 집을 나선 길에서 내가 만난 것은 무엇이었을까?

이 책은 경력 단절 여성이던 내가 집 밖으로 나와 새로운 세상을 만나고, 어느새 그림책 활동가, 강사, 에세이와 그림책 저자가 된 소박한 여정의 기록이다. 길 위에서 만난 것, 알게 된 것, 그리고 마주한 나 자신에 관한 이야기다.

그렇다고 요즘 유행하는 자기 계발이나, 브랜딩 이야기는 아니다. 15년 동안 묵묵히 걸어오면서 길을 잃을 때마다 나에게 지도가 되어준 그림책 이야기를 쓴다.

앞서 출간한 두 권의 책이 그랬듯 그저 푸근한 동네 언니의 이야기로 다가갔으면 좋겠다. 소심하고, 걱정과 불안이 높은 평범하기 그지없는 사람의 분투기로 읽히길 바란다.

각 부 사이에는 그림책이라는 공통 분모를 가지고 서로의 꿈을 나눈 친구들의 이야기를 소개했다. 내가 어떤 꿈을 품고 있는지도 잘 모르던 시절부터 서툰 내 걸음을 알아봐 준 이들이다. 결혼과 육아로 경력이 단절되었다가 세상을 향해 첫걸음을 내디딘 이도 있고, 하던 일을 과감히 내려놓고 전혀 다른 길로 방향을 바꾸어 걷고 있는 이도 있다. 동네에서 흔히 만나는 언니들의 이야기이기도 하다. 대단히 유명하지는 않지만, 그녀들은 저마다의 길을 내며 걸어가고 있다.

이 책에 쓴 이야기를 통해, 육아의 시간을 보내고 있

는 이에게는 반드시 자신의 바다로 나아가는 시간이 찾아온다는 말을 전하고 싶다. 이제 다시 자신의 바다로 나아가는 이들에게는, 내딛는 걸음이 모여 당신만의 고유한 길이 만들어질 테니 용기를 내자는 응원을 전하고 싶다. 이미 자신의 바다에서 헤엄치고 있는 이들에게는 지치지 말고, 함께 가자고 손을 내밀고 싶다.

오늘 내디딘 작은 한걸음이 우리를 꿈꾸던 바다로 인도할 것이다. 부디 어설픈 나의 이야기가 자신의 길을 만들며 걷는 이들에게 찰나의 응원이 되기를 기도한다.

1부

집을 나서다

1

문을 열고
나갈 수 있을까?

윤아해 글, 조원희 그림, 《문 밖에 사자가 있다》

까만 바탕에 빨간 사자가 있는 표지의 그림책 《문 밖에 사자가 있다》를 펼치면 두 아이가 등장한다. 각각 노란 방과 파란 방 안에서 문 앞에 찾아온 사자를 피해 떨고 있다. 두 아이 모두 사자가 무섭다고 말한다. 덜덜 떨던 두 아이는 시간이 흐르자, 각자의 방법으로 이 상황을 헤쳐 나간다.

・・・

결혼하고, 아이를 낳고, 기르다 보니 어느새 마흔을 향해 달려가는 나이가 되었다. 두 아이와 의사소통이라는 것을 할 수 있다는 기쁨도 잠시, 그다음에 찾아온 것은 사춘기라는 사자였다.

초등학교 고학년이 된 첫째가 어쩌다 던지는 말에 마음이 '쿵' 하고 내려앉곤 했다. 아이가 반항적이거나 거칠어서가 아니었다. 아이의 말을 통해 나의 그림자, 숨기고 싶은 이중성을 마주했기 때문이다. 아이의 말대로, 말과 삶이 일치하지 않는 내 모습 또한 나를 찾아온 무서운 사자였다.

나는 곰곰이 생각했다. 나는 과연 어떤 사람이고, 어떻게 살고 싶은 사람인지. 아이들에게 훈계하는 대로 사는 사람인지 되짚어 봤다.

처음에는 그림책 속 주인공처럼 무서워서 이불을 뒤집어쓰고 생각을 멈췄다. 사자 때문에, 사자가 무서워 문밖으로 나갈 수 없다는 아이처럼 '그냥 아이의 말이잖아', '사춘기도 지나갈 텐데 뭐'라며 눈과 귀를 막았다. 그러자 또 다른 사자가 찾아왔다.

마흔에 삶의 터전을 옮겼다. 결혼하고 아이를 기르며 쌓아 올린 우리 집이 흔들리기 시작했다. 이제 더 높고 아름답게 쌓아 올리겠다던 계획이 무너져 내렸다. 내가 바라던 삶의 모습은 저 멀리 사라졌다. 안정적인 수입에 의지해 내일을 계획하던 일상은 오늘만 사는 삶으로 변했다. 어느 날 갑자기 찾아온 사자의 포효에 나도, 우리 가정도 휘청였다. 그럴수록 나는 꼭꼭 숨어 버렸다.

토끼 인형을 든 채 작은 방에 숨어 문밖에 찾아온 사자를 외면하는 아이처럼, 나만의 세상에서 좋았던 어제를 추억하고, 오늘의 선택을 후회하며 지냈다. 나를 찾아온 사자를 어찌지 못하고 걱정만 하며 지냈다.

막연히 두렵기만 했다. 살면서 처음 만난 사자이니 당연히 그에 대해 내가 무지하다는 것을 인정하지 않았다. 어떤 일이 벌어질지 지레 겁먹을 필요도 없다는 사실을 그때는 생각하지 못했다. 그래서 사자를 외면했다.

인생에서 낯선 사자는 늘 찾아온다. 사자는 같은 얼굴을 하지 않는다. 시절마다, 삶의 고개마다 제각각의 얼굴을 한 사자가 찾아온다. 그럴 때 우리는 그림책 속 아이처럼, 그리고 마흔의 나처럼 부정적인 필터를 끼고 내일을 예견한다. 무조건 낙관적으로 사자를 보는 것도 좋지만은 않을 것이다. 그렇다면 어떻게 해야 하는 것일까?

파란 방 아이처럼 사자에 대해 잘 알지 못한다는 사실을 인정하는 것이 우선이다. 그래야 내가 무엇을 해야 할지 알 수 있다.

이불을 뒤집어쓰고 떨고 있는 노란 방 아이처럼, 파란 방 아이도 사자가 무섭다고 말한다. 사자의 뾰족한 이빨이, 발톱이 무섭다. 그러나 떨고만 있는 노란 방 아이와는 다른 선택을 한다. 처음 만난 사자를 똑바로 보고, 제 나름의 방법을 찾아보고 계획을 세우며 해야 할 일을 한다.

반응이 전혀 다른 두 아이의 모습은 어쩌면 내 안에 존재하는 두 마음이다.

마흔의 나는 처음 만난 사자 앞에서 한없이 작아졌고, 후회와 자책, 불안과 고민의 밤을 보냈다. 그러나 나의 흔들림이 남편과 아이들에게까지 영향을 끼치게 할 수 없었다. 사춘기에다 갑자기 변한 가정 상황으로 휘청이는 아이들을 붙잡아 주기 위해 나는 몸을 일으켰다.

먼저 눈을 들어 사자를 봤다. 낯선 상황을 찬찬히 둘러보기 시작했다. 이 사자가 하루아침에 사라지지 않는다는 사실을 깨달았다. 그러고 나니 내가 무엇을 해야 할지 어렴풋이 알 것 같았다. 무너진 마음으로 주저앉아 있는 대신 다시 세상으로 나아가야 했다.

모두가 가슴 뛰는 일을 찾아 집을 나서는 건 아니다. 때론 나처럼 어쩔 수 없이 나서기도 한다. 더 이상 숨어 있을 수 없어 집 밖으로 나오기도 한다.

비록 어쩔 수 없이 문을 열고 나왔지만 나의 길을 가 보고 싶었다. 엄마와 아내로 보낸 시간 동안 내 머릿속에서 잠시 지웠던 나라는 사람이 바라는 것을 찾고 싶었다.

밀려 나왔든, 피해서 나왔든 이제 진짜 나의 이름으로, 내가 걸어갈 길을 찾을 때가 온 것이다. 헝클어진 신발 끈을 다시 묶었다. 무서운 사자가 가버리기를 기다리는 대신, 내가 먼저 한 걸음 내디뎠다. 파란 방 아이처럼 만반의 준비를 하지도 못했다. 일단 문을 나서 첫걸음을 떼었다.

처음 찾아간 곳은 '홈 카페 마스터 과정'이었다. 이웃의 카페지기 덕분에 새로운 세계를 맛볼 수 있었다. 종종 외부 일정으로 바쁜 카페지기를 대신해서 카페를 지켰다. 집 안에만 있던 어제를 뒤로 하고, 낯선 공간에서 새로운 사람을 만났다. 커피를 전문적으로 공부하거나 카페에서 계속 일하고 싶었던 건 아니다. 당장은 집 아닌 다른 곳에서 새로운 일을 해보고 싶었다.

그렇게 작은 변화를 시작으로 다양한 세상을 경험했다. 복지관과 여성회관에서 열리는 강좌를 하나씩 신청했다. 커피 과정을 마치고, 캘리그래피 과정에 등록했다. 홈베이킹 과정도 수강했다. 손으로 하는 일에 자신 없던 내가 왜 그렇게 손재주 필요한 수업만 들었는지 모르겠다. 지금 생각해 보면 익숙하지 않은 분야에서 새로운 경험을 쌓아 내 것을 만들고 싶었던 것 같다.

십 대와 이십 대까지는 진로의 갈림길에서 좀 더 안정적인 선택, 부모님과 사회가 권하는 선택을 했었다. 그러나 이제는 내가 진정 즐겁게 무언가를 만들어내는 일을 하고 싶었다. 그래서 내 손을 써서 다양한 작업물을 만들어 눈으로 볼 수 있는 일들을 즐겁게 배웠다.

하지만 애석하게도 조물주께서 나를 창조하실 때 딱 하나 잊으신 것이 손재주다. 똑같이 배워도 나의 결과물은 모양이 변변치 않았다. 맛과 향은 어찌어찌 흉내를 냈지만 모양은 절망적인 수준이었다. 캘리그라피를 배울 때도 그랬다. 다른 이들은 실력이 느는 것이 보이는데 나는 언제나 그 자리였다.

그래도 나쁘지 않았다. 당장 무언가 이루려고 시작한 도전이 아니기에 조급해하지 않고 다양한 배움을 이어갔다. 새로운 사람들을 만나고, 내가 만든 어설픈 결과물을 보며 웃기도 하면서, 불안과 걱정으로 가득했던 일상에 바람길이 나기 시작했다.

어지간히 손을 써 보고 나니, 원래부터 좋아했던 분야로 눈을 돌리게 되었다. 이번엔 도서관에 가서 책을 읽고, 거기서 열리는 수업도 알아보았다. 그렇게 만난 것이 그림책이다.

'중년을 위한 마음 수업'이란 강의명을 보고 덜컥 신청했다. 이 강의에서 숀 탠의 그림책 《빨간 나무》를 만났다. 내가 누구인지, 또 어디로 가야 할지 모른다는 주인공의 얼굴 위로, 내 모습이 겹쳐 보였다. 한 장 한 장 그림책을 넘겨 마지막 장면을 펼쳤다. 위태로운 날들 속에서도 순간마다 숨어 있던 빨간 나뭇잎이 마침내 활짝 피어난 그림 아래, "내가 바라던 바로 그 모습으로"라는 문장을 오래 곱씹었다. 그림책이 내게 물었다. 오늘 네가 바라는 모습은 무엇이냐고. 너의 오늘 하루 속에도 숨어 있는 빨간 나뭇잎을 발견했느냐고.

아이를 품에 안고 목이 아프도록 읽어주던 그림책이 이제 나에게 말을 건네기 시작했다.

그림책을 펼쳐 보는 시간이 재미있었다. 그림책이 들려주는 이야기를 사람들과 함께 나누는 일이 즐거웠다. 막연하게나마 이 길을 걷고 싶다고 생각했지만 어디로 가야 할지는 막막했다. 내가 그림책으로 무엇을 해야 할지도 당장 알 수 없었다. 막막함과 두려움이라는 사자가 또 찾아온 것이다.

이렇게 내가 하고 싶은 일, 바라고 꿈꾸는 길은 사자와 함께 걷는 길이다. 사자는 사라지지 않았고, 나와 늘 함께였다. 나는 사자 덕분에 움직이기 시작했고, 사자는 나의 원동력이 되어주었다. 사자가 너무 커질 때면, 마음이 짓눌리기도 했다.

나는 함께 걷는 사자를 다루는 법을 조금씩 알게 되었다. 때론 주머니 속에 넣고, 때론 사자 등에 올라탔다. 그렇게 사자를 길들여 가며 나의 길을 걸었다.

인생에는 불안이란 사자, 사랑하는 이들에 대한 자책감이라는 사자, 비교와 질투라는 사자, 허무감이라는 사자가 시절마다 찾아온다. 그때마다 우리는 겁먹지 말고, 사자의 얼굴을 똑바로 봐야 한다. 찾아온 사자와 함께 내가 할 일을 하면 된다.

내 곁에서 걷는 사자가 너무 커지지 않도록 내 몸과 마음을 챙기며 갈 수 있는 한 멀리까지, 내가 바라는 곳까지 가야 한다. 이 길에서 도망가지 않으면 된다. 사자 때문에 멈추고, 때론 되돌아 걷는다 해도 괜찮다. 그저 길 위에 서 있으면 된다.

지금 내 앞에 찾아온 사자가 보이는가?

그렇다면 때가 되었다. 익숙한 울타리를 나서 나의 이름을 찾아 낯선 세상으로 나아갈 때가 된 것이다. 어디로 가야 할지 모른다 해도 괜찮다. 길이 보이지 않아도 괜찮다. 한 걸음만 내디뎌 보자. 그 길 끝에 마주할 것이 무엇인지 알 수 없지만 우리의 아름다운 여정은 이미 시작되었다.

길 위의 쉼표

- 지금 내 앞의 사자를 있는 그대로 바라본다면, 나는 제일 먼저 어떤 선택을 할까요?
- 이제 막 사자와 함께 집을 나설 당신에게 《태어나는 법》(사이다 글·그림, 모래알)을 읽어 드리고 싶어요.

2

버틴 뒤에야
시작할 수 있는 힘

아네테 멜레세 글·그림, 《키오스크》

올가는 하루 종일 작은 키오스크(간이 매점) 안에서 손님을 맞는다. 키오스크는 올가의 인생이라고 그림책은 말한다. 작고 좁은 키오스크에서 자리를 지키는 삶이다. 올가는 조용한 밤이 되면 가고 싶은 바다 사진을 보며 키오스크 안에서 지친 몸을 눕힌다.

비록 좁은 공간에서 온종일 바쁜 일상이지만 올가는 매 순간 마음을 다한다. 동네 신사, 실연당한 여성, 우는 아이, 아주머니, 관광객까지 올가는 키오스크 즉 자신의 인생에 찾아오는 손님에게 최선을 다해 응대한다. 손님이 무엇이 필요한지뿐만 아니라 마음까지 헤아려 위로를 건넨다. 올가는 불평하지도, 게으름을 피우지도 않는다.

• • •

《키오스크》 그림책을 들고 강연할 때면 '오늘, 당신의 키오스크는 무엇인가요?'라는 질문을 종종 던진다. 사람들의 대답은 다양하다. 아이를 한창 키우는 엄마들은 대부분 자신의 키오스크는 육아라고 말한다. 성인 자녀를 둔 여성들은 독립시킨 아이를 떠나보내지 못하고 허무함과 무상함이라는 키오스크에 갇혀 씨름 중이라 말한다. 간혹 당장 탈출하고 싶은 원가족이라는 울타리 안에서 버티는 이들도 만난다. 이처럼 우리는 모두 돌봄과 매일 반복되는 지루한 일상, 때로는 허무함의 키오스크 안에서 각자 버티고 있다.

결혼하고 아이를 낳으면, 책임져야 할 울타리가 생긴다. 아이가 없더라도 연로한 부모님을 전적으로 돌봐야 하는 시절이 올 수 있다. 우리는 올가처럼 마음을 다해 울타리 안에 찾아온 대상을 돌본다. 그들에게 무엇이 필요한지, 무엇을 원하는지, 살뜰히 살핀다.

하지만 우리 마음에도 올가의 빛바랜 사진 속 바다가 자리 잡고 있다. 고단한 일상에서 한 번씩 서랍 깊은 곳에서 꺼내 보는 꿈이다. 내 울타리 안에 있는 존재와 함께하는 시간은 소중하지만, 찰나에 스치는 헛헛한 마음을 홀로 달랜다.

언제나처럼 똑같은 하루를 시작한 올가에게 예상치 못한 날이 찾아온다. 바로 올가의 인생이라던 키오스크가 송두리째 뒤집힌 것이다.

당황한 것도 잠시, 올가는 키오스크를 들어 올려 한 걸음을 뗀다. 무거운 키오스크를 벗어버리지 않고, 그냥 들고 길을 나선다. 처음부터 꿈꾸던 바다를 향한 걸음은 아니었다. 잠시 쉬고 싶어서 첫걸음을 내디뎠다. 하지만 올가의 생각과는 달리 그 걸음을 시작으로 결국 자신이 꿈꾸던 바닷가에 도착할 수 있었다.

나 역시 마흔에 길을 나섰다. 낯선 곳으로 삶의 터전을 옮긴 뒤, 한 번도 경험하지 못한 상황에 삶이 뒤집혔다. 키오스크가 뒤집혀 길을 나선 올가처럼 어느 날 예기치 못한 걸음으로 길을 나섰다.

　낯선 곳에서 마흔을 맞이하며, 바람 앞에 흔들리는 나무처럼 휘청이는 내 이야기를 할 수 있는 소박한 그림책 모임을 꿈꿨다. 그렇게 첫걸음을 뗀 여정이 지금까지 이어지고 있다.

　그림책으로 강연을 하고, 그림책이 나에게 건네는 말에 대한 에세이를 출간했다. 그림책에 글을 쓰고 싶다던 나조차 믿지 못했던 꿈을 이뤘다. 처음 집을 나섰을 때는 상상하지도 못한 곳에 서 있다. 내가 특별하고 대단해서가 아니다. 키오스크 안에서 오래 자리를 지킨 올가처럼 돌봄의 시절을 버텨낸 힘으로 이 길을 걸을 수 있었다.

　나에게 돌봄의 시간은 삶의 가치관을 단단하게 다지고, 마음을 넓혀 타인을 품을 수 있는 존재로 성장하는 여정이었다. 그리고 내 안의 어린 나를 마주하는 과정이기도 했다. 도망치지 않고 그 자리를 묵묵히 버텨낸 그 시간 덕분에, 나는 오늘도 이 길을 걷고 있다.

　강연장에서 만난 분들이 "이제는 무엇을 하고 싶은지,

무엇을 할 수 있을지 잘 모르겠다"라고 말한다. 어느새 꿈도 용기도 사라졌다고 이야기한다. 그런 분들에게 늘 힘주어 이 말을 전한다.

"우리 안에는 이미 충분한 힘이 있어요."

그저 듣기 좋은 위로가 아니다. 우리에겐 이미 충분한 힘이 있다.

돌봄의 시간은 내가 할 수 있는 만큼 타인을 품는 시절이다. 다른 누구와 비교할 필요 없이 내가 품을 수 있는 만큼 조금씩 조금씩 품을 넓혀가면 된다. 내 삶의 가치관을 점검하고 뿌리내리며, 내 품 안에 찾아온 존재와 나를 돌보는 시간으로 보내면 된다.

이렇게 성장하며 보낸 시간은 내 이름을 찾아 다시 집을 나설 수 있는 버팀목이 되어준다. 그러니 반복되는 일상은 무가치하거나 버려지는 시간이 아니다. 삶의 키오스크 안에서 버티며 애쓰는 모든 이들은 이미 길 위에 서 있는 용감한 올가다.

올가는 키오스크를 들고 길을 나섰다. 그 여정에서 물건으로 가득했던 키오스크는 비워졌다. 바닷가에 도착한 올가의 키오스크는 이제 해변과 꼭 맞는 아이스크림으로 채워져 있다. 올가는 이웃들과 함께 사진으로만 보던 석양을 바라보며 살아간다.

오래전 다시 세상으로 나오며 불안이 가득하던 나의 키오스크도 한결 가벼워졌다. 지금도 때때로 키오스크에는 새로운 고민이 찾아오지만, 이 길에서 만난 아름다운 것들이 더 많이 자리 잡고 있다.

올가는 바다로 가는 여정을 통해, 멈춰 있던 자신이 키오스크와 함께 움직일 수 있는 존재라는 것을 확인했다. 언제든 길을 나설 수 있고, 어디서든 꿈꿀 수 있다는 것을 알게 되었다. 그러니 올가는 머지않아 키오스크와 함께 새롭게 꿈꾸기 시작한 높은 산을 향해 길을 나설 것이다.

우리는 모두 올가처럼 움직일 수 있다. 내가 꿈꾸는 것을 따라 집을 나설 수 있다. 자신의 결정으로든 상황에 밀려서든, 두 발로 움직일 수 있다. 비록 여전히 키오스크를 메고 걷는다 해도 말이다. 그것은 저마다의 책임과 감당해야 할 무게를 메고 걷는 길이다. 그 길에서 우리의 키오스크는 비워지고, 새로운 것으로 채워질 것이다.

나를 단련시킨 버팀의 공간, 키오스크를 들고 한 걸음 나가 보자. 키오스크가 뒤집히더라도, 키오스크가 사라지길 기대하지 말고, 용기를 내 한 걸음 떼어 보자. 그렇게 키오스크와 함께 내가 어떤 존재인지 마주하며 걸어가 보자.

길 위의 쉼표

- 당신의 키오스크에는 어떤 것들이 가득 차 있나요, 그 안에서 올가처럼 간직하고 있는 사진 한 장이 있나요?
- 성실히 오늘을 버티는 당신에게 《할머니의 저녁 식사》(M.B. 고프스타인 글·그림, 창비)를 읽어 드리고 싶어요.

3

내 안의
목소리를 따라서

루시아노 로사노 글·그림, 《파리의 작은 인어》

집을 다시 나와, 몸으로 익히는 경험을 하며 멈춰 있던 걸음을 내디뎠다. 이후 여러 갈래 길을 가 보며 다양한 세상을 탐험했다. 몇 번의 갈림길을 거치고 만난 그림책의 세계, 나는 조심스러운 걸음으로 그림책 세상으로 향했다.

그림책이란 0세에서 100세까지 읽는 책이자, 손 안에 든 예술 작품이다. 그러나 내가 그림책을 처음 만났을 때만 해도 어린이 대상의 책, 글이 적어서 초등학교에 입학하면 자연스레 책장에서 사라지는 책이라는 인식이 강했다. 그런 그림책을 성인 독자가 읽는다는 건

일반적이지 않았다. 더구나 어린이 독자에게 좋은 그림책을 추천하는 양육자 대상 그림책 읽기도 아니었다. 하지만 성인을 위한 그림책 읽기를 접하며 느낀 놀라움은 이루 말할 수 없었다. 낯설지만 아름다운 그림책 세계의 매력에 빠져, 주저하며 내디뎠던 걸음에 힘이 실렸다. 이후 점점 용감하게 때론 무모한 걸음으로 지금까지 그림책 세상을 걷고 있다.

그림책 덕분에 나는 주머니 속에 구겨져 있던 '행복'이라는 말을 다시 꺼낼 수 있었다. 날마다 그림책을 읽고, 그 안에서 하루 종일 즐거이 유영했다. 그림책은 내게 이야기를 들려주고, 질문을 던졌다. 그러면서 나를 만났다. 책장을 넘기며 그림책 골짜기에서 불어오는 바람에 움츠렸던 나의 삶이 조금씩 피어나기 시작했다.

그런 나를 보며 걱정과 충고의 말들이 들려오기 시작했다. 《파리의 작은 인어》에서 주인공 인어가 들었던 말들이 맴돌았다.

파리 콩코드 광장에 자리 잡은 '바다의 분수' 꼭대기에는 돌로 조각돼 세워진 인어가 있다. 밤이 되면 분수에

사는 조각상들이 바다에 대해 이야기하곤 한다. 하루 이틀 이야기를 듣던 인어 조각상은 어느새 바다에 가고 싶어졌다. 그 말을 입 밖으로 꺼내자, 다른 조각상들이 한 마디씩 한다. 꼭대기 제일 좋은 자리에 있으면서 만족하지 못하냐고, 네가 있는 곳이 얼마나 좋은 곳인지 모르냐며 타박한다.

조각상들은 자신의 위치에서 인어의 마음을 재단해서 충고한다. 지금 있는 것에 만족하지 못한다고, 감사할 줄 모른다고 평가하고 훈계한다. 어디 그뿐인가, 우여곡절 끝에 바다를 향해 떠난 여정에서 만나는 이들 또한 인어에게 충고한다.

"길은 멀고 험하다고!"

길은 멀고 험하다. 사실이다. 멀고 험할 뿐만 아니라 처음 가는 길이다. 한 번도 걸어본 적도, 눈으로 본 적도 없는 낯선 길이다. 그래서 인어는 물이 고인 수영장과 센강을 바다로 착각하는 시행착오를 겪는다.

한 번도 본 적 없는 바다로 향해 가는 끝 모를 길. 그러니 지치고, 낙심하고, 후회까지 찾아온다.

그림책이 좋았지만, 그림책으로 무엇이 되고 싶은지는 선명하지 않았다. 애초에 무엇을 하겠다는 생각도 하지 못했다. 그림책이 나를 다시 웃게 했지만, 그림책을 어떻게 배워야 하는지 몰랐다. 무모하게 걸어가는 것밖에 할 수 있는 것이 없었다.

도서관 어린이 열람실로 매일 찾아갔다. 서가 한 칸 정도의 그림책을 읽어 내려갔다. 지역의 교육·복지 기관에서 여는 독서 관련 강좌들을 샅샅이 살폈다. 그중 그림책 관련한 강좌가 있으면 신청했다. 그러다 보니 조금씩 정보가 생겼다. 이렇게 무작정 그림책을 읽고, 수업을 찾아가는 내게 또 이런저런 목소리가 들려왔다.

"애들처럼 그림책을 본다고?" "무슨 공부를 또 해?" "네가 아니라 애들이 공부해야 하는 거 아니야?" "그 자격증 따면 어디 취직할 수 있니?" "그거 공부하면 뭐가 되는데?"

직업이 생기는 것도 아니고, 당장 뭐가 되는 것도 아닌, 그저 그림책을 보고 배우는 나에게 사람들은 이렇게 말했다. 나를 무시하거나 조롱하려는 의도는 아니었을 것이다. 그들의 시선에서도 알 수 없는 길이니 애정어린 충고를 했음을 안다. 하지만 내 걸음은 멈추고 말았다. 똑같은 목소리가 내 안에서 발목을 잡았기 때문이다.

내가 좋아하는 것을 만나 즐겁게 길을 걷지만 선명한 것은 없다. 길에는 정확한 이정표가 없다. 그저 하루하루 걸으며 길을 만들어 갈 뿐이다. 그러니 누군가 던진 말 한마디가 마음의 연못에 파장을 일으키고, 물결이 되어 일렁인다. 스스로도 확신할 수 없는 길을 걸으니 주변의 말이 걸림돌이 된다.

'진짜 이렇게 그림책만 붙들고 있으면 되는 걸까?' '그림책 보면서 웃고 있을 게 아니라 아이들 학원비라도 벌어야 하는 건 아닐까?' 나도 나 자신에게 돌멩이를 날렸고, 돌멩이는 어느새 커다란 바위가 되어 내 앞을 가로막았다.

후회와 낙심으로 걸음을 멈춘 인어에게 백조가 찾아온다. 백조는 바다로 함께 날아가자고 손을 내밀어 준다. 나에게도 도움이 손길이 찾아왔다. 전혀 예상치 못한 손이 나를 일으켜 다시 걷도록 해줬다.

어느 날, 독서지도사 과정에서 만난 담당 강사님에게 전화가 왔다. 기본과 심화 과정을 마친 후 꽤 시간이 지난 후라 개인적인 연락이나 만남도 없던 분이었다. 강사님은 수원시 평생 교육 기관에서 어린이 독서 교실 강사를 모집하니 지원해 보지 않겠냐며 연락을 주셨다.

다시 아이들 앞에 서는 건 내 선택지에 없던 일이었다. 나는 아이들보다는 성인들과 그림책 이야기를 하고 싶었다. 이런 나에게 강사님은 시작하는 첫걸음에 대해 강조했다. 처음부터 마음에 드는 자리를 기다리기보다 아이들과 함께 시작하라는 말과 함께 강사 지원서와 필요한 서류 양식을 손에 쥐여 주었다. 그저 당신의 강의를 1년 수강한 나에게, 힘내어 걸어갈 수 있도록 다른 방향으로 이끌어 주었다. 그 덕분에 나는 5년 넘게 구민회관에서 아이들을 매주 만나 그림책을 함께 읽고, 이야기를 나누는 소중한 시간을 선물받았다.

구민회관 강사를 시작으로 지역아동센터, 도서관, 학교까지, 그림책으로 아이들을 만나는 시간이 이어졌다. 특히 구민회관에서는 매주 아이들을 만나기 위해 여러 모로 준비할 게 많았다. 방학 없이 일 년 열두 달, 쉼 없이 아이들과 읽고, 이야기하고, 쓰는 수업이다. 처음 하는 수업이니 자꾸 힘이 들어갔다.

바다에서 마법 같은 하루를 보낸 인어가 꼬리부터 다시 돌조각으로 굳어갔던 것처럼, 나는 아이들을 만나니 학원 강사 시절의 방법으로 돌아가고 있었다.

사람들과 이야기하며 그림책의 재미와 위로를 나누고 싶다는 마음은 슬그머니 사라지고, 독후활동과 활동지에 열심을 내고 있었다. 결과에 집중할수록 그림책의 즐거움은 조금씩 사라졌다.

1년 계약서를 쓰고 시작했으니 1년만 채우고 그만두겠다고 다짐하며 매주 아이들을 만났다. 이런 내 마음과는 다르게 강좌는 매번 인원이 모두 찼다. 특히 1·2학년 남자아이들이 많이 왔다. 꾸밈없고, 때론 거침없이 말하는 아이들과 함께하는 그림책 시간은 즐거웠다. 그런데 한편으로는 스스로 옭아맨 활동지의 노예가 되어 발이 무거웠다.

그러던 어느 날, 3월부터 계속 수강하던 현호의 어머

니가 음료수와 함께 전해주신 말이 굳어진 마음에 균열을 내주었다.

"선생님, 우리 현호가 그림책 수업 너무 좋아해요. 오래 해주세요."

정신이 번쩍 들었다. 현호는 활동지를 거의 하지 않는 아이였다. 결과물이 있어야 좋은 수업으로 평가받을 거라는 나의 선입견이 부끄러웠다.

처음 시작한 일, 아이들과 그림책으로 만나는 일을 잘해내고 싶었다. 잘 하고 싶은 욕심과 함께 불안도 함께 자리 잡았다. 그러자 가장 기본이자 본질을 잊었다. 나는 그림책으로 아이들을 만나 어떤 시간을 보내고 싶었는지를 되새겨보았다.

현호 어머니의 부탁처럼 그곳에서 꽤 오랜 시간 아이들과 함께했다. 욕심과 평가에 대한 부담을 내려놓고 그림책의 바다에서 아이들과 마음껏 헤엄쳤다. 점점 굳어져 바닥까지 가라앉았던 인어 조각이 진짜 인어가 되어 바다에서 자유롭게 노래하는 것처럼, 아이들과 함께 즐거운 노래를 불렀다.

다시 길을 나설 때 우리 귓가에는 다양한 소리가 맴돈다. 충고와 걱정을 담아 건네는 말에 다리에 힘이 풀려 주저앉기도 한다. 때론 예상치 못한 응원에 힘내어 다시 일어나 걷는다. 그렇게 걷다, 주저앉다, 다시 걷기를 반복한다.

가장 무서운 소리는 누군가가 던진 한마디에 요동치는 내 안의 부정적인 목소리다. 내 안의 비관자는 다른 이가 던진 작은 돌멩이를 커다란 바위로 받아 주저앉게 만드는, 가장 두려운 목소리의 주인공이다.

불현듯 내 안에서 솟구치는 목소리 때문에 걸음을 멈추곤 했다. 부족한 듯한 내 모습에 절망하고, 내일을 꿈꿀 수 없을 듯한 두려움에 빠져 허우적거린다. 그렇게 파도가 밀려오면 속수무책으로 당했는데, 이제는 제법 파도를 타는 법을 배웠다.

내부 검열자가 목소리를 높이는 날이면 우리 동네인 수원 화성길로 나갔다. 아무 생각 없이, 휴대폰은 집에 둔 채, 세상에 홀로 남겨진 듯 걷고 또 걸었다. 그럴 때 나는 길 위에서 스스로에게 묻는다. 과연 무엇이 두려운

거냐고. 천천히 묻고 또 답하며 걷다 보면, 파도가 나를 찾아온 것이 아니라 내가 파도를 불렀음을 깨닫는다. 때론 조바심과 욕심이, 때론 과한 열정이 나를 흔드는 바람이 된다.

이렇게 부정적인 말들이 마음속에 가득한 날에는 스스로에게 더욱 응원을 해주어야 한다. 내가 나의 걸음을 격려하고, 칭찬해야 한다. 그 걸음이 너무 작아 다른 이들에게는 보이지 않는 움직임일지라도, 나는 나에게 다정한 말을 해줄 수 있다. 작은 한 걸음을 누구보다 더 기운차고 씩씩한 목소리로 응원해야 한다.

다시 나로 걷는 길은 다른 사람에게서 배울 수 있는 길이 아니다. 스스로 발견하며 나아가는 길이다. 목소리 높여 내가 나를 응원하며 걷는 길이다.

외부의 말, 혹은 내 안의 목소리 때문에 두 발이 돌덩이처럼 굳어져 버렸는가?

단단한 마음을 깨고 다시 나아갈 수 있는 힘은 그 누구도 아닌 나 자신에게 있다.

길 위의 쉼표

- 당신의 걸음을 멈추게 만드는 목소리는 누구의 것인가요, 어디서 온 소리인가요?
- 오늘 내 귀에 맴도는 소리 때문에 주춤하는 당신에게 《나는 내가 가진 힘을 믿어요》(로라 도크릴 글, 킵 알리자데 그림, 소르베북스)를 읽어 드리고 싶어요.

4

상처를
두려워하지 말고

마라 돔페 글, 줄리아 토렐리 그림, 《반창고》

그림책 《반창고》에 나오는 알록달록 반창고들은 하나하나 모험의 빛깔이 물들어 있다. 주인공 아이가 스케이트보드를 처음 타던 날 붙인 반창고, 친구들과 축구하다 붙인 반창고, 말하기 부끄러운 상처에 붙인 반창고까지.

아이는 반창고가 있어 든든하다. 오히려 새 반창고를 언제 붙일지 기대가 되기까지 한다. 그렇게 도전과 모험을 계속한다.

우리 역시 그렇다. 도전하며 걷는 길에서 우리는 언제든 상처를 입을 수 있다. 넘어지고, 깨지고, 때론 걸음을 멈추기도 한다. 그럴 때 우리도 마음에 꼭 맞는 반창고를 붙일 수 있을까?

• • •

좋아하는 그림책으로 아이들을 만나는 것도 즐거웠지만, 한 걸음 더 나아가 어른 그림책 친구들을 만나고 싶었다. 그러나 그런 기회를 찾기는 어려웠다. 기회가 필요하다면 내가 만드는 것도 방법이겠다 싶었다.

우리 동네 평생학습관에는 누구나 강사가 되어 진행할 수 있는 프로그램이 있었다. 나는 여기에 도전하기로 하고 1년 동안 한 달에 한 번 모이는 성인 그림책 모임을 기획했다. 상반기는 외국의 유명한 그림책을 읽고, 하반기는 한국 작가의 그림책을 함께 읽는 시간으로 구성하여 계획안을 올렸다.

봄이 찾아오는 길목 2월, 홈페이지에 드디어 공지가 떴고, 나는 날마다 접속해 신청자 수를 확인했다. 아무도 오지 않을까 봐, 또 누군가 신청을 할까 봐 떨리는 손으로 마우스를 눌렀다. 먼저 나의 첫 도전을 응원한다며 독서심리를 함께 공부한 명선 선생님이 신청했다. 독서

논술 수업으로 바쁜데도 시간을 내준 것이다.

명선 선생님 역시 아이들을 키운 뒤 자신의 길을 찾아 걷고 있는 인생 선배다. 대학교 평생교육원에서 만나, 내가 주저할 때마다 손을 잡아주었다. 구민회관에서 수업을 하면서 갈피를 잡지 못하는 나에게 자신의 경험을 아낌없이 알려주었다. 이번에도 선생님의 응원 덕분에 6명이라는 적지 않은 인원과 함께 그림책 첫 모임을 무사히 마쳤다.

첫 달이 무사히 지나고 4월 모임을 준비하며 신청자 수를 확인하고 화들짝 놀랐다. 이번엔 10명 가까이 신청했다. 더욱더 열심히 준비했다. 설렘과 불안을 동시에 안고 그림책을 읽고 또 읽고, 진행 원고를 다듬고, 시뮬레이션을 해보며 기다렸다. 노란 꽃이 피기 시작한 길을 지나 강의실에 도착했다. 열 명이 넘는 참여자가 눈을 반짝이며 나를 바라보고 있었다. 그러나 모임을 진행하며 무언가 거리감을 느꼈다.

그림책으로 강연이나 모임을 하다 보면, 앞에서 진행하는 강사가 얼마나 잘 하나, 무슨 소리를 하나 지켜보는 사람들을 만나기도 한다. 팔짱을 낀 듯, 참여자라기보다는 참관자처럼 느껴지는 이들이다.

그림책을 읽고, 이야기를 나누며 강의를 할수록 겉도는 느낌은 더 커졌다. 그렇게 모임을 마친 뒤, 담당자를 통해 다른 그림책 동아리에서 단체로 오신 분들임을 알게 되었다. 아마 새로운 그림책 모임이 생겼다는데 어떤 사람이 진행하는지 궁금해서 참관했을 것이다.

왠지 모르게 기운이 빠졌다. 당장 5월 모임을 할 수 있을지 고민하고 있을 때 명선 선생님께 전화가 왔다.

"정은 샘, 이번 달 모임 잘 했어요? 많이들 오셨어요?"

선생님의 전화에 코끝이 찡해졌다. 넘어져 아프다며 하소연하는 나에게 명선 선생님은 커다란 반창고를 붙여주었다.

"샘, 조금 있으면 신청자가 많아질 거야. 샘이 해주는 그림책 이야기가 얼마나 재미있는데…. 내 말 믿어 봐."

그림책 속 아이처럼 나도 선생님이 붙여 준 반창고 덕분에 다시 일어나 걸었다.

명선 선생님의 응원처럼 되었으면 좋았겠지만 그러지

못했다. 세 명, 많으면 대여섯 명, 어떤 날은 한 사람뿐이었다. 하지만 한 달 한 달 응원과 다짐으로 스스로 반창고를 붙였다.

'괜찮아, 어차피 처음 하는 도전이잖아.'

'올해까지 10회기를 진행하면 내 프로그램이 생긴 거잖아. 그것만으로도 충분히 가치 있는 도전이야.'

넘어지고 깨지며 내 분량만큼 모험하고, 도전했다. 상처 난 마음에 누군가 반창고를 건네주기도 하고 혼자 붙이기도 하며 다시 일어나 걸었다. 상처는 언젠가는 아물고, 새살이 돋았다. 그 사이 이 길을 넉넉히 걸을 수 있는 힘이 생겼다.

・・・

《반창고》의 아이는 상자에 남은 열 번째 반창고가 아주 마음에 든다. 그래서 얼른 붙이고 싶다. 나는 반창고가 좋아서 얼른 붙이고 싶지는 않다. 넘어져 생긴 상처가 여전히 아프다. 특히 함께 걷던 사람이 준 상처는 너무 깊어 영혼이 마르는 듯했다. 마음을 준 사람이 나와 같은 마음이 아님을 알게 되었을 때 찾아온 감정은 슬픔이 아니었다. 슬픔도 분노도 아니라, 허허벌판에 혼자 선 것 같았다. 마음이 시들어 한 줌 재가 되어 버린 것 같았다. 다시는 누군가에게 마음을 줄 수 없을 것 같았다. 그때는 어떤 반창고를 붙여도 소용없을 것 같았는데, 지나고 보니 아무것도 하지 못한 채 버틴 그 시간이 반창고였다. 시간이 흘러 상처는 희미해지고, 다가오는 마음을 향해 다시 손을 내밀 수 있게 되었다. 이제는 관계에서 상처받을 수 있고, 나 역시 상처를 줄 수 있음을 잘 안다.

누워만 있던 신생아가 배밀이를 시작하고, 기고, 일어선다. 한 걸음 두 걸음, 일어선 아이는 걸음을 뗀다. 엄마는 아이가 걷기 위해 얼마나 많이 넘어지고, 다시 일어났는지 기억한다.

하고 싶은 일을 하며 걷는 길에서 우리는 넘어지고, 일어나고, 또 넘어지고 다시 일어선다. 빨리 걷고 싶어서 무언가에 의지한다 해도 언제까지나 그렇게 걸을 수는 없다. 오롯이 내 두 발로 걸어야 한다.

길을 걸으며 생긴 오늘의 상처가 '내 안의 반창고'를

꺼내는 시작점이 된다. '내 안의 반창고'는 단순히 상처를 덮는 것이 아니다. 상처를 치유하기 위해 스스로에게 내미는 다정한 용기이자 돌봄이다.

상처는 아직 자라지 못한 어린 나를 마주하는 기회가 된다. 아프고 힘들지만, 아직 마주하지 못한 어린 나를 꺼내야 한다. 반창고는 결국 오늘의 상처뿐 아니라 지난날의 오랜 아픔을 치유할 것이다.

상처는 희미해진 흔적으로 남는다. 흔적으로 남은 상처는 나의 고유한 빛깔이 된다. 수백 번 수천 번 넘어지고, 상처 나며 걷는 길, 하지만 반창고 덕에 다시 웃으며 걷는 길이 우리 앞에 펼쳐져 있다.

길 위의 쉼표

- 오늘 걷다가 어떤 상처가 생겼나요? 그 상처에 붙이고 싶은 나만의 반창고는 무엇인가요?
- 마음에 반창고가 필요한 당신에게 《파도가 지나간 뒤》(상드린 카오 글·그림, 웅진주니어)를 읽어 드리고 싶어요.

| 길 위에서 만난 사람 1 |

공무원을 그만두고
다시 미술의 길로

누리에 파레라 글, 다니 토랑 그림, 《기찻길 밖을 달리면》

타미는 회사에서 가장 뛰어난 기관사다. 언제나 빈틈없이 운전하는 타미 덕에 승객들은 늘 행복했다. 그러던 어느 날, 기찻길로 다람쥐가 뛰어들어 타미의 기차가 잠시 선로를 벗어난다. 그 일을 계기로 타미는 선로 밖 세상을 상상한다. 기차는 절대 기찻길 밖을 벗어나면 안 된다는 말에 의문을 갖는다. 결국 타미는 기찻길 밖을 달려 바다에 이른다.

 '선로 밖은 위험하다'는 목소리를 뒤로하고 가고 싶은 길을 걸어간 여자, 그녀와는 그림책 강의에서 만나 10년째 인연을 이어가고 있다. 그녀는 대학 졸업 후 공무원 시험을 보고 도청 공무원이 되었다. 그러다 오랫동안 기다리던 아이를 가지기 위해 직장을 그만두었다.

집안의 장녀로 늘 부모님의 기대를 한 몸에 받으며 성장했다. 학창 시절엔 모범생이었고, 인생을 살며 선로 밖 다른 길에 대해 생각하지 못했다. 하지만 그런 그녀에게도 마음 한편에 접어둔 꿈이 있었다. 어릴 적부터 미술을 전공하고 싶었다. 안정된 직업을 갖기 바라는 부모님의 권유로 손에서 놓아버린 그 꿈은 마음속 깊이 자리하고 있었다.

공무원을 그만두고 처음 길 밖으로 나온 그녀는 용기를 냈다. 아이를 기다리는 동안 대학에 편입했다. 그토록 하고 싶었던 미술 공부를 시작한 것이다. 어린 동기들과 함께 밤샘 작업을 하고, 졸업 전시를 준비하는 일은 힘들어도 즐거웠다. 후회 없이 기쁘게 그 길을 달렸다.

공부를 마친 뒤, 집에서 아이들을 모아 미술을 가르쳤다. 아이들이 좋았고 수업에는 웃음이 가득했다. 그림으로 감정을 표현하고 이야기를 담아내는 아이들을 보며 그녀는 아이들의 마음에 한 걸음 더 다가가고 싶어졌다.

다시 새로운 길로 나아가기로 마음먹었다. 미술 심리를 공부해 조금 더 다정한 어른이 되고 싶어졌다. 그렇게 시작한 공부는 그림책 공부로, 다양한 분야의 배움으로 이어졌다. 아이들과 함께하는 시간을 깊고 풍성하게 가꾸고 싶은 마음으로 부지런히 새로운 경험을 쌓아 갔다.

그러던 어느 날, 기회가 찾아왔다. 시에서 하는 지원사업에 참여하게 된 것이다. 친구와 함께 북아트 전시를 열고, 프로그램을 진행하고, 외국 연수까지 다녀왔다. 선물처럼 찾아온 기회 덕분에, 그녀에게도 자기만의 공간이 생겼다.

작은 공방을 마련해 어린이부터 성인을 대상으로 한 북아트와 그림책 프로그램을 기획했다. 처음 선로를 벗어난 타미가 그 한 번의 경험으로 전혀 새로운 곳으로 향했던 것과 같은 일이었다. 공무원을 그만두고 시작한 미술 공부는 그녀를 매번 새로운 길로 인도했다.

그녀는 작은 공방에서 교습소로, 학원까지 공간을 확장해 창의적인 프로그램으로 아이들을 만나고 있다. 처음 길을 나설 때는 상상하지 못했던 모습이다. 또한 시에서 주최하는 예술인 파견 사업에 선정돼 어린이 교육시설에서 예술 활동을 지도한다.

어린아이의 웃음을 닮은 그녀는 자신이 가장 좋아하는 어린이와 미술로 길을 만들며 걷고 있다.

선로 밖을 나온 타미는 어느새 해변가까지 이르렀다. 그곳에서 만난 어부의 딸이 타미에게 물었다.

"기차가 바다도 갈 수 있어?"

"도전해 볼까!"라며 바다를 향해 달려가는 타미처럼 그녀도 또 다른 도전을 꿈꾼다.

언젠가는 교외에 집을 구해 작업실을 만들어 작품 활동에 매진하고 싶다. 마을 공동체에서 어르신들을 위한 예술 프로그램을 만드는 꿈도 있다.

"내가 하고 싶어서 한 게 아니라 어쩌다 보니 그렇게 됐어요." 깔깔 웃으며 말하는 그녀는 앞으로도 새로운 길, 낯선 철로 위를 달리는 일을 주저하지 않을 것이다. 안전한 길, 보장된 일을 벗어나 진짜 내가 원하는 길로 거침없이 나아가는 그녀를 나는 오래도록 지켜볼 수 있을 것이다.

2부

길
위에

서다

5

실패가
선물이 될 때

오소리 글·그림, 《노를 든 신부》

외딴섬에 한 소녀가 살고 있다. 친구들이 다들 신부와 신랑이 되어 섬을 떠나자, 자기도 모험을 떠나기로 마음먹는다. 부모에게 받은 드레스를 입고 노 하나를 들고 걸어간다. "이제 소녀가 아니라 신부구나." 부모님은 소녀를 꼭 안아준다. 소녀는 긴장과 설렘의 첫걸음을 내디딘다. 그런데 소녀를 본 사람들은 말한다.

"미안하지만, 노 하나로 갈 수 없어요."

부둣가에는 노를 하나만 지닌 그녀와 함께 섬을 떠나겠다는 사람은 없다. 연거푸 거절을 당한 소녀는 섬을 한 바퀴 둘러보고는 산으로 향한다. 모두 배를 타고 섬을 떠나기 위해 부두로 모일 때 그녀는 부둣가를 떠나 산으로 향한다.

• • •

그림책으로 무언가 하는 사람이 되었지만, 거절도 많이 겪으며 걸었다. 다양한 관공서에서 운영하는 독서 관련 프로그램에 지원했다가 거절당하는 것이 일상이었다.
"경력이 짧네요." "이미 활동하는 강사가 있습니다."
이런 대답을 들을 때마다 '내가 그렇지 뭐. 이 나이에 뭘 할 수 있겠어.' 자조 섞인 말을 읊조리며 내 손에 든 노 하나를 부끄러워했다. 얼마쯤 시간이 지나고, 어차피 거절당할 거라면 내가 진짜 하고 싶은 일을 하기로 마음먹었다.

방향을 바꾼 신부처럼 나도 산으로 가기로 결정했다. 독서 프로그램이 아닌 내가 하고 싶은 그림책 프로그램으로 기획안을 짰다.

'독서 프로그램' 대신 '그림책 토론' '그림책과 글쓰기' '성인을 위한 그림책 읽기'로 수정했다. 그림책을 읽는 성인 독자를 위한 프로그램이 별로 없던 시절이니 쉽지 않을 거라 예상했다. 하지만 설령 실패할지라도 이번 기회에 내가 정말 하고 싶은 분야로 바꾸어 보기로 했다.

신부는 산을 오르다 누군가의 초대를 받는다. 이미 많은 신부가 탄 멈춰 있는 배, 노가 필요 없는 배에 타라는 유혹이다. 신부는 거절하고 산길을 더 올라간다. 이번에는 산꼭대기에 놓인 배에 타라는 초대를 받는다. 신부는 이번에도 거절한다. 이 또한 섬을 떠나는 것과는 아무 상관이 없는 제안이다.

소녀가 길을 나선 이유는 섬을 떠나기 위해서다. 신부가 된 소녀는 길을 나선 목적을 잊지 않는다. 그래서 비록 부두가 아닌 산속 숲길을 걸을지라도 유혹하는 소리에 흔들리지 않고 길을 갈 수 있다.

내가 하고 싶은 일은 그림책을 함께 읽고, 그림책의 위로를 나누는 자리를 만드는 것이었다. 도서관을 비롯한 다양한 기관을 대상으로 프로그램을 기획하고, 공지가 올라오면 서류를 제출하고, 기다렸다. 그러나 연락은 오지 않았다. 거듭된 실패에 슬슬 조바심이 났다.

가끔 대학교 평생교육원에서 함께 공부한 동기들을 만났다. 협회에 소속하여 일을 시작한 그녀들의 모습이 부러웠다. 모임을 마치고 돌아올 때면 '협회 소속 강사로 시작하고, 나중에 하고 싶은 일을 해야 했나…'라고 생각하곤 했다. 하지만 이미 부두를 떠나 산으로 왔다. 바다가 아닌 낯선 숲속에서 길을 찾기 시작했다.

평생학습관에서 첫 성인 수업을 개설하며 새로운 도전을 시작했다. 그림책이라는 노 하나를 이리저리 저으며 걸었다.

・・・

지친 신부는 산에서 내려오는 길에 사냥꾼을 만난다. 사냥꾼은 신부의 손에 든 노 한쪽을 보는 새로운 시선을 선물해 준다. 노 하나로 배를 저을 수는 없지만, 그 노가 얼마나 대단한 능력이 있는지 알려준다.

뱃길에서는 두 개의 노가 필요하다. 그러나 바다가 아닌 다른 곳에서 노 하나는 호신용 무기, 요리 도구, 야구 방망이가 된다. 하나로도 충분하다.

내 경력은 많은 사람이 걸어가는 길에서는 부족하게 여겨졌다. 하지만 내가 정작 걷고 싶은 길, 그림책으로 사람을 만나는 길에는 꼭 맞는 노였다. 그동안 읽고, 배우며 쌓은 그림책 이야기로도 충분했다.

우리 동네 평생학습관에 강의를 열고, 그림책 동아리를 만들었다. 그림책을 좋아하는 사람들과 함께한 4년은 같이 읽기의 즐거움은 물론 축적의 힘을 깨닫게 해준 시간이었다.

우리 동아리는 전작 읽기로 모였다. 한 달에 두 번, 한 작가를 정하고, 순번대로 자료 조사자를 선정해서 모임을 진행했다. 그렇게 70명이 넘는 작가의 전작을 읽고, 자료를 쌓아갔다. 그때는 미처 알지 못했던 그 시간의 힘을, 이 길을 걸으며 깨닫는다. 작가를 조사하고, 모여서 전작을 읽고 이야기를 나누며 쌓아올린 시간은 이 길을 걷는 내내 힘이 되고 있다.

마흔에 흔들리는 나에게 그림책이 건넨 위로와 응원이 고마웠다. 나처럼 흔들리는 어른에게 그림책을 읽어 주고 싶었다. 언제나 '괜찮다'고 말해 주는 그림책의 이야기를 들려주고 싶었다. 그래서 무조건 길을 나섰다. 섬을 떠나기 위해 부둣가로 향한 신부처럼 노 하나를 들고, 모든 사람이 걷는 길로 나왔다.

하지만 노 하나로는 갈 수 없다는 거절을 당하고 산길을 향했다. 바닷가에서 실패를 마주한 후에 진짜 하고 싶은 일을 찾은 신부처럼 내가 진짜 그림책으로 하고 싶은 일을 향해 나아갈 수 있었다.

나를 그림책 활동가로 스스로 명명했다. 그림책의 예술적·교육적·심리적 가치를 전하는 강사로, 그뿐 아니라 자신의 길을 찾아 떠나는 사람을 응원하는 사람으로 걷겠다고 마음먹었다. 그렇게 나는 내가 하고 싶은 일을 누구나 서 있는 부두가 아닌 산을 오르며 찾게 되었다.

평생학습관에서 첫해 10개월을 채우고 그다음 해 새로운 프로그램을 개설했다. 이번에는 엄마들을 대상으로 그림책 테라피 프로그램을 기획했다.

이 프로그램은 참여한 분들이 후속 모임을 만들 정도로 호응이 좋았다. 그 덕에 다양한 기관에서 모임을 진행했다. 이때의 경험으로 다양한 그림책 프로그램을 기획하고 도전할 수 있었다. 지금까지 내 손에 든 노 하나를 들고, 내가 바라던 길을 씩씩하게 걷고 있다.

실패 앞에서 어디로 가야 할지 방향을 잃고 주저앉고 싶어질 때가 찾아온다. 그런 날에는 시선을 조금 돌려보자. 실패 속에 숨어 있는 길을 발견하는 기회로 삼으면 된다. 앞만 보고 걷느라 미처 보지 못한 드넓은 세상이 펼쳐질지도 모른다.

길 위의 쉼표

- 실패와 거절 속에서 발견한 '나만의 길'은 무엇이었나요?
- 바라던 길을 걷다 실패를 만나 주저앉은 당신에게 《똥파리 둥갈의 모험》(혀를레이부르 하르라르손 글, 라운 플뤼겐링 그림, 옐로브릭)을 읽어 드리고 싶어요.

6

기다림은
축적의 시간으로

김준호 글, 용달 그림, 《대주자》

어릴 적 야구를 좋아하시는 아버지 덕에 야구 중계를 보며 자랐다. 지금도 기억하는 장면이 있다. 1982년, 서울 잠실야구장에서 열린 세계야구선수권대회에서였다. 우리나라가 결승전에서 만난 상대는 일본이었다. 승리를 바라는 온 국민의 마음이 닿은 듯 2대 1로 뒤지던 우리나라 팀은 8회에 동점을 만들고, 역전 홈런을 날려 승리했다. 온 가족이 만세를 부르며 환호하던 그날 밤은 기억에 생생하게 남아있다. 그날 동점의 번트를 날린 김재박 선수와 3점 역전 홈런을 친 한대화 선수는 지금도 회자된다. 하지만 그날 밤 그 경기장에는 내가 기억하지 못하는 많은 선수가 있었을 것이다. 그중에서도 경기마다 묵묵히 자신의 자리를 지키는 선수가 있다. '대주자'라 불리는 선수들이다.

대주자란 야구 경기에서 1루나 2루, 혹은 3루에 있는 주자를 대신해서 교체되는 선수를 말한다. 대개 1-2점 차이로 경기가 막바지로 갈 때 득점을 위해 발이 빠른 선수를 대신 기용하여 도루나 주루 플레이를 하게 한다. 《대주자》는 이런 대주자의 이야기를 고스란히 담은 그림책이다.

경기장을 가득 메운 박수와 함성은 그라운드 위 선수의 몫이다. 그 선수를 대신해 달리러 나온 대주자의 몫은 아니다. 대주자는 다른 선수들이 경기하는 동안 벤치를 지킨다. 언제 운동장에 서게 될지 기약이 없다. 그러나 연습을 쉬지 않는다.

모두가 잠든 밤에도 그는 홀로 연습장에 서 있다.

・・・

나는 좋아하는 일과 잘하는 일은 서로 다른 길이라 생

각하며 자랐다. 그러니 좋아하는 것보다 잘하는 분야로 진로를 정해야 한다고 생각했다. 마흔에 진로를 다시 찾기 시작할 때, 그 두 영역의 교집합을 찾으라고 말하는 사람들이 있었다. 나아가 세상이 원하는 영역의 교집합을 찾아 자기 일을 하라고 했다.

그렇게 삼박자를 다 갖춘 일을 할 수 있다면 얼마나 좋겠는가. 하지만 그런 길을 찾기는 간단치 않다.

그림책은 내가 좋아하는 분야다. 그렇다면 좋아하는 그림책 분야, 내가 잘하는 일, 그리고 세상이 원하는 것의 교집합은 무엇일까? 이걸 먼저 고민하고 계획을 세웠다면 지금까지 오지 못했을 것이다.

바보처럼 아무 계획 없이 그림책이 좋다는 마음 하나로 한 걸음씩 세상을 향해 걸었다. 막연한 소망과 꿈을 가졌지만, 지금의 모습은 기대하지 못했다. 어른에게 위로와 응원이 되는 그림책 강연과 모임을 어떻게 할 수 있을지 알 수 없었다. 내 이야기를 듣고 싶다고 청하는 사람도 없었다.

내 모습은 그림책 속 대주자와 같았다. 모두 잠든 밤,

운동화 끈을 질끈 묶고, 연습장에 서는 것뿐이었다.

그림책을 혼자 읽기도 하고, 동아리 회원들과 함께 읽으며 이야기를 나누기도 했다. 그림책을 더 깊이 알고 싶어 인터넷에서 정보를 얻고, 실용서와 논문을 찾아 읽었다. 그림책 강의를 수강하고, 사람들을 만나기 위해 다양한 교수법을 수강했다. 그러다 보니 서랍에는 이런저런 자격증과 수료증이 쌓였다.

운동장에 언제 오를지 모르지만, 연습장에서 밤낮을 보낸 대주자처럼, 나는 언제 올지 모를 기회를 바라며 꾸준히 그림책의 시간을 쌓았다. 따지자면 굳이 수강하지 않아도 되었을 과정도 있다. 그러나 지금 와서는 불필요해 보이는 배움도 내가 더 잘할 수 있는 영역을 확인할 수 있는 기회였다.

그림책 수업에 도움이 될까 싶어 색종이 접기와 북아트를 배웠다. 만들기는 손재주 없는 내가 가장 못하는 분야다. 그 당연한 걸 다시 한 번 확인했다. 초등 대상 글쓰기 과정도 수강했는데 정작 아이들을 만날 때는 토론 수업이 즐거웠다.

그렇게 내가 좋아하는 영역을 좁히고 거기에 맞는 교수법을 찾아 공부했다. 독서토론, 갈등 분석 대화법, 비경쟁 토론, 스토리텔링 토론, 창의 진로 토론, 나중에는 그림책 토론까지 다양한 토론법을 수강했다. 그림책으로 사람을 만나고 싶어서였다.

함께 모여 그림책을 읽고, 서로의 삶을 나누는 모임의 좋은 안내자가 되고 싶었다. 좋은 그림책이 던져주는 질문을 발견하고 함께 생각해 보는 사려 깊은 모임을 열고 싶었다. 그래서 다양한 대화법을 배웠다.

그림책 속 대주자는 벤치에 앉아 있다. 경기장에서 열심히 뛰는 선수들을 지켜본다. 한순간도 놓치지 않고, 팀의 일원으로 그들을 응원한다. 나보다 앞선 이들의 능력을 확인하며 경기장을 주시한다.

대주자는 경기장에서 뛰는 선수들을 보며 자기 모습을 날마다 확인했을 것이다. 비교 의식이나 질투보다는 그들을 교과서로 삼고 꼼꼼하게 살피며 응원하는 마음이 컸을 것이다.

좋아하는 일을 하는 길은 내가 꿈꾸는 무대에 선 사람

들을 바라보며 걷는 길이다. 나보다 앞서 걷는 사람들의 등을 보며 걷는 길이다. 나보다 늦게 출발한 사람이 나를 앞질러 갈 때도 있다. 그렇다면 어떤 시선으로 그들을 보아야 할까?

그림책의 대주자처럼, 앞선 사람들을 경쟁자가 아닌 한 팀으로 바라봐야 한다. 같은 방향으로 나아가는 사람들의 걸음에 응원을 보내야 한다.

결혼, 육아, 혹은 저마다의 이유로 멈췄던 걸음을 다시 세상을 향해 내딛는 우리는 한 팀이다. 이 길이 아무도 찾지 않는 길이 되어 사라지지 않도록 우리는 앞선 사람들을 응원하고, 내 뒤를 따라 걷는 사람들에게 손을 내밀어야 한다.

・・・

대주자에게 드디어 기회가 찾아왔다. 밤낮으로 성실하게 연습했기에 찾아온 기회다. 그는 어떤 마음으로 경기장에 들어섰을까? 기쁨과 부담감이 뒤섞인 채 경기장에 섰을 것이다.

1루에 선 대주자에게 맡겨진 일은 2루까지만 도루에 성공하는 것이다. 그가 해야 할 일은 오로지 2루까지 진출하는 것이다.

나에게도 기회가 찾아왔다. 토론법을 함께 공부한 선생님을 통해 진로 강사들을 대상으로 한 그림책 강의를 요청받았다. 이력서와 프로그램 계획안 등 서류를 열심히 작성해 제출했다.

설렘과 불안이 뒤섞인 채 프로그램 주제를 기획하고, 세부 계획을 세웠다. 강사들을 대상으로 수업을 하려니 자꾸 힘이 들어갔다. 몇 번이나 계획안을 수정하고, 선정 그림책을 바꾸기도 하며 준비한 이야기를 즐겁게 전해드렸다.

진로·진학 수업으로 청소년을 만나는 선생님들께 그림책의 즐거움을 전하고, 아이들에게 읽어주면 좋은 그림책을 소개했다. 새로 도전하는 분들에게는 응원을 보냈다. 오직 2루 도루까지 성공을 바라보았던 그림책 속 대주자처럼, 그 시간만을 생각하며 마음을 다했다.

이 첫걸음을 시작으로, 그해에 작은 도서관 성인 그림

책 교실, 초등학교 학부모 연수, 동아리 그림책 연수까지 본격적으로 성인 그림책 수업을 시작했다.

그림책 속 대주자는 도루에 성공한다. 그 덕분에 경기는 승리로 끝났지만, 사람들의 함성이 대주자의 몫은 아니었다.

"나는 야구를 할 때 가장 행복한 야구 선수"라고 말하는 그는 지금도 어둠 짙은 운동장에 홀로 서 있을 것이다. 그래서 그는 웃으며 기다리고, 인내하며 연습할 수 있다. 그리고 마침내 다가온 기회가 찾아왔을 때 멋지게 달릴 수 있다.

다시 나를 찾아가는 길에서 우리는 지루한 기다림의 시간을 보내기도 한다. 그것이 실력을 쌓아가는 축적의 시간이거나, 기회를 기다리는 인내의 시간일 수도 있다. 중요한 것은 나에게 행복한 시간이어야 한다는 점이다. 우리는 그 힘든 시간에도 행복을 찾아야 한다.

물론, 언제 찾아올지 모를 기회를 바라보며 꾸준히 나의 길을 걷는 것이 마냥 행복하고 즐거울 수는 없다. 하지만 이 시간을 끈기와 열정으로 채워갈 때, 기다림은 단순한 공백이 아닌 성장의 시간으로 바뀐다.

타인의 시선에서 벗어나 내가 잘하는 것, 나만의 강점에 집중하는 시간을 가져야 한다. 거창하고 막연한 미래의 목표 대신 매일 내가 이룰 수 있는 작은 목표를 세우고 달성하며 자신을 칭찬해 보자. 매일 그림책 한 권을 읽고 SNS에 기록하기, 하루에 한 개의 글감 소재를 찾아 메모하기, 이런 작은 성공의 경험들은 지루한 기다림의 시간에 활력소가 되어줄 것이다.

기다림의 시간을 견디게 하는 가장 깊은 힘은, 내가 걷는 이 길의 의미와 가치를 아는 데서 나온다. 이 길이 가장 나다운 길이라는 이유를 찾을 때 기다림은 더 이상 지루함으로 가득한 시간이 아니다. 그것은 내 삶을 깊고 단단하게 빚어내는 행복한 축적의 시간이 될 것이다.

길 위의 쉼표

- 지금 나는 어떤 '벤치의 시간'을 보내고 있나요? 어떤 행복을 느끼며 그 시간을 버티고 있나요?
- 오늘의 행복을 힘껏 껴안고 인내하는 당신에게 《새벽을 배달하는 소년》(대브 필키 글·그림, 초록귤)을 읽어 드리고 싶어요.

7
돌아가며 길을
넓히는 법

안경미 글·그림, 《문 앞에서》

세 자매가 굳게 닫힌 문 앞에 서 있다. 온 힘을 다해 문을 열어 보지만, 문은 끄떡도 하지 않는다. 열리지 않는 문 앞에서 세 자매는 각각 다른 길을 선택한다.

첫째는 닫힌 문을 보며 절망하다 나무가 되었다. 둘째는 열쇠를 찾아 떠났고, 셋째만 남아 이렇게 저렇게 문을 열어 보려 한다. 하지만 문은 꿈쩍하지 않는다. 그럼에도 그녀는 문 앞에 서 있다.

셋째는 문 앞에서 주저앉았다. 얼마간 시간이 흐르고, 그녀는 몸을 다시 일으킨다. 그리고 선 하나를 그린다. 다시 문을 열어 본다. 그래도 문은 열리지 않는다. 다시

선을 그리고, 문을 열고, 다시 선을 그리고 문을 열고….

그렇게 그린 선들이 쌓여 어느새 문이 되었다. 아름다운 빛깔의 문이 새로 생겨났다. 셋째에게 문 앞의 시간은 제자리의 시간이자, 인생에 고유한 빛을 물들이는 시간이다.

• • •

걷다 보면 종종 닫힌 문을 만난다. 문은 내가 가는 길을 가로막는다. 때로는 그림책 속 첫째처럼 포기하고 한참을 주저앉아 있다. 때론 둘째처럼 열쇠를 찾으러 다른 길로 떠난다. 하지만 문에 맞는 열쇠는 어디에도 없다. 남이 만든 열쇠는 내 길에 버티고 있는 문에는 맞지 않는다. 이 문은 내가 나로 살기 위해 만난 문이기 때문이다. 문 앞에서 멈춘 시간은 고유한 나의 빛을 찾는 시작이 된다.

굳게 닫힌 문 앞에서 세 자매는 각자의 길을 선택했다. 내가 서 있는 곳을 바꿀 수 있는 힘이 없을 때도 있다. 다만 그 난관을 어떻게 보고, 행동할 것인지는 스스로 결정할 수 있다.

그림책 활동가로 본격적으로 일하게 되었지만, 일이 끊기면 프로그램을 기획하며 시간을 보냈다. 그런 날이 길어지면 빼꼼 열렸던 문이 다시 닫힌 것 같고 제자리걸음을 하는 느낌이었다. 슬그머니 자책감이 고개를 드는 날도 있었다. 그렇게 앞으로 나아가지도, 되돌아가지도 못한 채 멈춰 서 있을 때 한 줄기 빛이 비쳤다.

예전에 같은 수업을 들으며 만난 진로 선생님 한 분이 내게 손을 내밀었다.

"정은 샘, 아이들이랑 진로 이야기하며 그림책에 대해 말해주면 되잖아요. 얼마나 이야깃거리가 풍성해요. 아니면 강의를 시작할 때 그림책 한 권만 읽어줘도 돼요."

닫힌 문 앞에 서 있는 나에게 건네준 고마운 말 덕에 나는 진로 강사라는 새로운 선을 그리기로 했다. 진로·진학 강사 과정을 수료하고, 관련 도서를 읽으며 공부했다. 강의 PPT와 진로 관련 영상 자료도 찾아보며 열심히 준비한 뒤 아이들을 만났다. 그림책 속 셋째처럼 손에 잡은 새로운 색연필로 닫힌 문을 칠했다.

이후 5년 동안 나는 진로·진학 강사로 청소년들을 만났다. 하루에 두 학교에서 수업을 할 때도 있었다. 수업 주제에 맞는 그림책을 한 권 낭독하고 시작하기도 하고, 수업 중에 그림책 작가의 스토리를 들려주기도 했다.

진로·진학 강사로 활동하면 다양한 연령대의 아이들을 만나 경험을 쌓고 강의 기술을 배울 수 있겠다고 생각했다. 그런데 이제 돌아보니, 그때 나는 그림책으로 어떤 이야기를 하고 싶은지 조금 더 선명하게 깨닫고 그림책 수업과 모임의 방향을 좀 더 구체적으로 잡을 수 있었다. 혼자 고민했다면 어려웠을 일이다. 함께 길을 걷는 다정한 친구 덕에, 제자리걸음만 하고 있던 나는 진로라는 새로운 색연필을 손에 쥐게 됐다.

어느 진로 강사의 말처럼, 진로(進路, 나아가는 길)에서 나아가 진로(眞路, 참된 내가 되는 길)를 찾는다는 데 마음이 끌렸다. 다시 나의 길을 찾아가는 여정에 대해 이야기를 나누어야겠다는 마음이 들었다. 결혼과 육아로 잠시 멈췄지만 길을 다시 나선 나처럼, 새로운 진로를 찾는 사람들을 응원하고 싶다는 바람이 생겼다.

닫힌 문 앞에서 새로운 연필을 들고 진로 강사로 길을 넓혀 걸었다. 그 길에서 조금 더 나다운 길의 방향을 찾았다. 때론 나다움을 지키기 위해 나무처럼 뻗었던 가지를 정리해야 했다.

그림책 활동가로 좋은 대화를 이끌고 싶어 토론 관련 자격증 과정을 수료하고, 협회에 잠시 몸을 담았던 적도 있다. 이제 막 그림책에 관련된 프로그램을 시작하는 단체와 함께 성장하고 싶어서였다. 그러나 내가 꿈꾸던 다양한 기획보다는 기관용 어린이 교육 프로그램을 중점적으로 기획해야 하는 한계에 부딪혀 다시 혼자가 되었다. 대신 그 경험은 그림책으로 성인을 만나는 프로그램을 기획하고 운영하는 출발점이 되었다.

닫힌 문 앞에서 새로운 시선으로 길을 넓히고, 때로는 가지를 쳐내며 좀 더 나다운 길을 만들며 걸었다. 닫힌 문은 또 하나의 선을 그릴 기회가 된다. 그 앞에서 뜻밖의 풍경이 열리고, 길은 다채로운 빛깔로 넓어진다.

우리는 모두 자기만의 이야기를 품고 있다. 그 이야기는 각각 다르다. 그림책을 함께 읽고, 이야기를 나눌 때도 모두 다른 목소리를 낸다. 그래서 그림책이 좋다.

새롭게 나를 찾아 나선 길 역시 모두 다르다. 모두가 유명 강사나 인플루언서가 될 필요는 없다. 그럴 수도 없다. 자신만의 이야기를 품고 길을 찾아서 걸으면 된다. 그 길은 희미하고, 때론 닫혀 있는 커다란 문에 가로막힌다. 그럴 때면 문 앞에 서서 선을 그려 보자. 배짱을 가지고 선을 긋고, 문을 열어 보고, 또 선을 그리자. 어떤 빛깔의 문이 생길지 모르지만, 그 문은 지금까지 내가 생각해 온 길과는 또 다른 길을 보여줄 것이다. 제자리에 멈춘 듯한 그 시간에도 우리는 성장하고 있다.

길 위의 쉼표

- 닫힌 문 앞에서 내가 새로 그려 볼 수 있는 '선 하나'는 어떤 모습일까요?
- 또다시 새로운 길을 걸으며 고유한 빛깔을 찾아갈 당신에게 《틈만 나면》(이순욱 글·그림, 길벗어린이)을 읽어 드리고 싶어요.

8

내 모습이
자꾸 작아질 때

앙드레 프리장 글·그림, 《곰과 수레》

그림책 《곰과 수레》의 주인공 곰은 아침마다 두 팔을 활짝 벌리고 하늘을 보며 하루를 시작한다. 곰은 소박한 일상에 감사하며 행복했다. 그런데 곰은 언제부터인가 행복하지 않다. 어느 날 갑자기 생긴 수레 때문이다. 빈 수레를 채우느라 마음이 급한 곰은 더는 하늘을 올려다보지 않는다. 곰의 얼굴에는 미소가 사라진 지 오래다. 수레를 채워도 채워도, 만족하지 못한 곰의 등은 구부정하다.

・・・

마흔에 품은 작은 꿈이 눈앞에 열매로 맺히는 것이 신기하고, 감사했다. 그림책 활동가와 진로 강사로 강의하고, 동아리 모임 대표로 활동했다. 가방 가득 그림책을 들고 강의를 하러 다녔다. 때로는 여행용 가방에 그림책을 채워 가기도 했다. 한 권이라도 더 읽어 드리며 그림책이 들려주는 즐거움과 위로를 알리고 싶었다.

그림책을 들고 걷는 걸음은 즐겁고 가벼웠다. 내가 꿈꾸고 바라던 일을 하게 되었고 어느 정도 궤도에 올랐으니 이대로 잘 가면 될 것 같았다. 그러던 중, 나에게도 빈 수레가 생겼다.

여러 지역에서 온 다양한 활동가를 만나는 기회가 생겼다. 본격적으로 그림책에 대해 깊이 대화할 수 있는 자리여서 행복했다. 우리는 한 달에 한 번 그림책 테라피로 모였다. 모임은 즐거웠고, 함께 걷는 동무가 생겨 든든했다.

그런데 한편으로 자꾸 나의 부족한 모습이 보이기 시작했다. 좀 괜찮은 사람으로, 좀 더 실력 있는 사람이 되고 싶은 욕심이 생겼다. 건강한 욕심이 아닌, 타인과의 비교에서 온 마음이었다. 빈 수레를 자꾸 채우려 하는 곰처럼, 나의 빈 수레를 채우려 날을 세웠다.

한 손에는 그림책을, 다른 손에는 심리상담, 번역, 영화, 글쓰기 같은 전문 분야를 들고 걷는 그녀들이 멋있었다. 그리고 부러웠다. 무언가 열심히 채우며 걸어왔다고 생각했는데 내 손에 든 건 하나도 없는 것 같았다.

"샘들은 좋겠다. 나는 그림책 말고는 손에 든 것이 없는데."

이렇게 푸념하는 나를 그녀들은 다정하게 응원해 주었다. 하지만 하나도 위로가 되지 않았다. 비어 있는 다른 손이 점점 더 크게 보였다. 텅 빈 마음의 수레에 이것저것 담기 시작했다.

꼬리에 꼬리를 물고, 마음의 수레에는 고민과 걱정이 차올랐다. 너무 무거워진 수레를 낑낑대며 끌고 걷느라 어느새 내 얼굴엔 미소가 사라졌다. 어려운 그림책 이론서와 논문과 학술지를 찾아 읽었다. 고전 그림책부터 신간 그림책까지 그림책이라면 모조리 봐야 할 것처럼 분주하게 뛰어다녔다. 강의를 준비하면서도 힘이 들어갔다. 잘 아는 척, 모든 프로그램을 완벽하게 해내는 척, 척척박사가 되려 애썼다.

빈 수레를 정신없이 채우던 곰은, 수레가 무게를 견디지 못하고 부서질 정도가 되어도 아무것도 보지 못하고 듣지 못한다. 땅만 보며 걷다가 폭풍에 나뭇가지가 부러지는 소리도 듣지 못한다. 그때 종달새의 도움으로 곰은 위험을 피한다. 수레는 내동댕이쳐지고, 종달새 덕분에 다시 하늘을 본 곰은 잊고 있던 것을 떠올린다.

괜찮게 보이고 싶은 욕심, 다른 이와 비교하는 마음 때문에 소중한 것을 잃어버렸다. 그림책의 즐거움, 그림책의 주인공들이 나에게 들려주던 다정한 목소리가 사라졌다.

그림책의 장면에 숨은 의미는 무엇일지 고민하고, 기호학적 해석까지 끌어들여 분석하며 머리를 싸맸다. 몸과 마음, 삶으로 그림책을 즐겁게 산책하던 나는, 쫓기는 사람처럼 더 많이, 더 빨리 그림책을 읽겠다며 종종거렸다.

수레를 차고 넘치도록 채우며 땅만 보던 곰을 도와준

종달새처럼, 나에게도 종달새가 찾아왔다. 내가 다시 하늘을 볼 수 있게 해준, 찰나의 스치는 만남이었다.

중3 아이들의 교실, 방학을 앞둔 2학기 말에 외부 강사가 수업을 진행하기란 쉽지 않다. 그 즈음 교실 분위기를 잘 알고 있기에 가볍게 한 학년을 마무리하고 다음 학년을 맞는 자세에 대해 이야기하는 그림책 시간을 준비했다.

나는 유준재 작가의 《균형》을 읽기로 하고, 학교생활과 친구 관계를 중심으로 삶의 균형에 관한 모둠 토론과 독후 활동을 준비했다. 졸업을 앞둔 3학년 아이들이 수업을 얼마나 경청할지 크게 기대하지 않고 교실에 들어갔다. 인사를 나누고, 그림책을 읽어주기 시작했다.

그런데 그림책을 낭독할 때 아이들이 집중하는 것이 느껴졌다. 처음 한두 장을 넘기고 어수선한 분위기가 차분히 가라앉았다. 시선은 그림책에 가 있었지만, 아이들의 반응을 느낄 수 있었다. 부산할 거라는 내 예상과 달리, 책장을 넘기는 동안 고요하다 못해 숨소리만 간간이 들려왔다. 그리고 마지막 장을 덮자 한 남학생이 던진 말은 내가 잊고 있던 무언가를 일깨웠다.

"와, 나도 나중에 아이한테 그림책 읽어주는 아빠가 돼야지."

그 아이의 말은 무표정하게 수레만 보던 나에게 "조심해!" 하고 소리치는 종달새의 목소리였다. 나는 부서진 내 마음의 수레를 보았다.

수레를 채우던 손을 멈추고, 생각에 잠겼다. 내 마음에 반갑지 않은 손님이 찾아온 이유를 찬찬히 돌아보았다.

'내가 느끼는 부족함은 남과의 비교에서 온 것일까, 아니면 내가 걷는 길에 대한 불안 때문일까?' '왜 나만의 길이라 말하면서 이 길을 걷는 걸음을 초라하게 보는가?' '때때로 찾아오는 열등감이란 수레를 끌고서라도 이 길을 끝까지 걸어갈 것인가?'

이 질문 앞에서, 그림책을 들고 나의 길을 걷고 있지만 여전히 나의 정체성을 제대로 정의하지 못하고 있음을 깨달았다. 내가 하고 싶은 일을 위한 공부도, 성장을 위한 배움도 아닌 초조함에 쫓겨 바쁘게 살고 있는 내 모습이 보였다. 내가 걷는 길에 대해 조금 더 명확하게 생각할 시간이 찾아온 것이다.

행복하게 이 길을 어떤 모습으로 걷고 싶은지 찬찬히 생각했다. 생각의 범위를 넓혀 내 삶의 가치관과 소명에 대해, 그림책 활동가만이 아닌, '최정은'이라는 사람으로 어떤 삶을 살고 싶은지 돌아보았다.

나는 마흔을 지나오며 사라졌다고 여겼던 열등감이라는 녀석과 오랜 시간 씨름했다. 씨름 끝에 부서진 수레를 버리고, 나도 맘껏 하늘을 올려보기로 했다.

내가 걷는 길에 대한 의미를 나에게 들려주었다. 그 길이 얼마나 즐겁고 재미있었는지도 되새겼다. 다른 사람과 비교할 수 없는 일, 내가 하고 싶은 나만의 일임을 다시 확인했다.

나는 그림책이 들려주는 말을 통해, 용기를 내어 자신을 찾는 길을 나서도록 사람들을 응원하고 싶다.

나는 그림책이 들려주는 말을 통해 사람들이 자신의 상처를 마주하고, 치유하고, 나아가 자신의 고유한 빛을 품고 세상으로 나아갈 수 있도록 돕는 사람이 되고 싶다.

　나는 자신의 길을 걸어가는 사람들을 위한 작은 안내판이 되고 싶다. 이 안내판에는 지도가 그려져 있지도, 정답이 적혀 있지도 않다. 그저 걷다가 지칠 때 힘이 되어주는 말을 건네주는 표지판이고 싶다.

　마흔의 끝자락에서 마음의 빈 수레와 씨름한 덕에 나의 길, 나의 일에 대해 좀 더 선명하게 이야기할 수 있게 되었다. 내가 그림책으로 하고 싶은 일의 본질을 깨닫게 되었다. 텅 빈 수레만 보며 걷느라 놓치고 있던 나의 하늘, 내 걸음의 의미를 다시 새길 수 있었다. 무엇보다 한 번씩 찾아오는 열등감 앞에서 덜 흔들리게 되었다.

　내가 바라던 길을 걷더라도 이따금씩 가난한 마음이 된다. 내가 끌고 있는 수레가 텅 빈 것 같아 땅만 보며 걷는 날도 있다. 내가 만들며 걷는 길이니 어쩌면 당연한 일이다. 누군가 닦아놓은 길이 아니다. 정확한 이정표가 있는 길이라면 더 편하게 갈 수 있겠지만 이 길은 그렇지 않다. 때론 빈 수레가 더 큰 소리를 낸다.

그런 날에는 가만히 서서 내 안을 바라보자. 하늘만큼 시시각각 변하는 내 마음으로 시선을 돌리자. 그곳 어딘가에 먹구름 가득한 마음을 꺼내 마주하고, 인정하자. 내가 좋아하는 길을 열심히 걷다 만난 먹구름은 '비'라는 선물을 준다.

지난 상처를 빗물에 흘려보내자. 한번 내린 비에 상처가 깨끗이 사라지지는 않는다. 어쩌면 이 길을 걷는 동안 마음의 먹구름은 한구석에 계속 있을 것이다. 하지만 그 먹구름을 통해 우리는 조금씩 더 단단해진다. 때로 무언가 채워야 할 것 같은 마음의 빈 수레가 굴러온다면, 새롭게 성장해 갈 시간을 기대하며 맞이해 보자.

길 위의 쉼표

- 지금 나의 마음 수레에는 무엇이 담겨 있나요?
- 텅 빈 수레에서 눈을 들어 하늘을 보며 걸어갈 당신에게 《개를 원합니다》(키티 크라우더 글·그림, 논장)을 읽어 드리고 싶어요.

| 길 위에서 만난 사람 2 |

진로 강사로 시작해
대학 강단까지

히라타 도시유키 글·그림, 《화살표》

꽃이 활짝 핀 날, 소녀는 꽃밭에 가려고 길을 나선다. 부지런히 걷고 있는 소녀 앞에 화살표 하나가 나타난다. 소녀는 이상한 화살표를 따라가 보기로 한다. 소녀가 화살표를 따라가는 것인지, 화살표가 소녀를 따라가는 것인지 모르는 길이다. 그 길에서 화살표는 바다를 건너는 배로, 비를 막아주는 우산으로 변신한다. 그 덕에 소녀는 꽃밭에 무사히 도착한다.

꽃밭에서 즐거운 시간을 보내고 있는데, 무시무시한 곰이 나타난다. 그러자 화살표는 비행기가 된다. 소녀는 비행기에 올라타 무사히 집으로 돌아온다.

이 그림책을 읽다 보면 화살표를 따라 걷다 자신의 길을 만들며 걷고 있는 친구가 떠오른다.

세상이 그려놓은 화살표를 따라 걷고, 화살표를 타고 날다 어느 순간 자신의 길을 그려내고 있는 사람, 그녀를 만난 건 8년 전이다.

엄마로, 아내로 살다가 다시 세상으로 나왔다. 시에서 취업 프로젝트로 마련한 진로 강사 양성 프로그램에 참여한 것이다. 누구보다 열심히 과정을 수료하고 역량을 인정받아 다양한 자리에서 강의했다. 오랜만에 자기 이름으로 일하고, 모임의 리더가 되어 작은 성과를 이뤄가는 것이 기분 좋았다. 그러나 마음 한구석에는 이 일을 언제까지 할 수 있을까 하는 물음표가 있었다. 일단 집 밖으로 나와 화살표를 따라 즐겁게 걸었지만, 다음 화살표가 보이지 않았다.

조금 더 안정적으로, 이왕이면 결혼 전에 석사까지 공부했던 미술 전공을 살려서 좋아하는 미술 관련 일을 하고 싶다는 마음이 생겼다. 그런 그녀의 눈앞에 화살표 하나가 깜박였다.

시립미술관에서 올린 구인 공지였다. 서류를 준비해 제출했고, 높은 경쟁률을 뚫고 그녀는 합격했다.

미술관에서 근무하며 더 분명히 깨달았다. 자신이 진정 소망하는 일이 무엇인지, 어떤 방향으로 가야 하는지 보여주는 화살표를 찾았다. 모처럼 안정을 찾은 일상을 뒤로하고, 다시 꽃밭을 찾아 떠나보리라 다짐했다.

중·고등학생인 아이들에게 엄마가 더 필요하지 않을까 흔들리기도 했다. 그러나 엄마 이전에 '나인 나'로, 내가 하고 싶은 일에 도전하는 것이 행복한 선택이고, 그것이 곧 아이들에게도 행복한 선택임을 믿었다.

그렇게 해서 그녀는 대학원 문화콘텐츠 박사 과정에 진학했다. 그동안 진로 강사로, 또 미술관에서 일하면서 다시 발견한 자신의 길, 정말 하고 싶은 분야를 공부하기 시작한 것이다.

미술 전공으로 석사까지 공부했지만, 박사 과정은 힘들었다. 수험생처럼 원서를 쌓아 놓고 공부하며, 다양한 프로젝트 현장을 답사하고, 연구 과제를 붙잡고 씨름했다. 그러면서도 두 아이의 입시와 진로를 챙겨줘야 했다.

학생으로, 엄마로 힘에 부치는 날들이었지만 웃으면서 할 수 있었다. 조금씩 성장하는 기쁨에 멈추지 않고 나아갈 수 있었다.

어렵게 공부한 끝에 드디어 졸업과 함께 대학에 출강할 수 있게 되었다. 강단에서 학생들을 만나는 것은 큰 기쁨이었다. 하나라도 더 알려주고, 보여주고 싶은 마음에 최선을 다해 준비했다. 학교 출강뿐 아니라 지도 교수의 추천으로 문화 콘텐츠 기획 연구소에서 일할 수 있었다. 경제적으로는 물론 경력에도 도움이 되는 일이었다.

그렇게 거침없이 화살표가 향하는 방향으로 따라 올라가던 그녀에게도, 잠시 속도를 조정하는 시간이 찾아왔다.

둘째 아이가 본격적으로 배구 선수의 길을 걷게 된 것이다. 아이가 배구팀 소속 학교로 전학하면서 그녀도 걸음을 잠시 늦췄다. 아이가 좋아하는 일에 온 마음을 쏟는데 외면할 수 없었기에 곁에 있어 주기로 결정한 것이다. 속도를 조절한 것일 뿐, 멈춘 것은 아니었다.

이제 그녀는 더 이상 세상의 화살표를 따라 걷지 않는다. 자신이 길을 그리며 걸어간다. 지금 그녀는 대학뿐 아니라 대학원에서도 강의하고 있다. 자신의 이름으로 연구소도 열고, 스스로 화살표를 만들며 나아가고 있다. 앞으로 그녀의 꽃밭이 얼마나 아름다울지 미루어 짐작할 수 있다.

다시 집을 나서 세상으로 내디딘 첫발자국은 작고 희미했다. 마음 한편에 자리 잡은 꿈, 다시 내 이름으로 일하고 싶다는 바람의 화살표를 따라 첫발을 내디뎠다. 때로는 빨리, 때로는 천천히, 그녀는 멈추지 않았다.

앞으로도 그럴 것이다. 때로는 잠시 속도를 늦출지라도 변함없이 자신의 길을 걸으며, 연구하고, 아름다운 세상을 만들어 갈 것이다.

어른들의 그림책 선생님 최정은이 건네는
좋아하는 일을 찾아가는 그림책 지도

집을 나선 여자들

다시 나의 길을 찾는 법

Artwork by Seungyoun Kim/ 김승연
"출근하는 스카프 여자"(2017)
Colored pencil and oil pastel on paper, 20x29cm, ©Seungyoun Kim

옐로브릭

3부

흔들리며 가는 길

9

잠시 쉬어가도
괜찮아

안드레스 로페스 글·그림, 《끄로꼬》

살다 보면 내일은 보이지 않고 오늘은 옴짝달싹할 수 없는 구덩이에 빠질 때가 있다. 때론 내 선택의 결과이기도 하고, 때론 아무 이유도 없다. 처음에는 있는 힘을 다해 빠져나오려고 한다. 하지만 그럴수록 수렁에 더 깊이 빠져 아무것도 할 수 없게 된다. 그렇게 구덩이에 빠진 악어 친구가 있다.

끄로꼬는 다른 악어처럼 평범하게 살고 싶었다. 그런데 길을 걷다가 갑자기 구덩이에 빠졌다. 당황한 끄로꼬는 구덩이에서 탈출하기 위해 할 수 있는 모든 방법을 동원해 본다. 하지만 아무 소용이 없다. 끄로꼬는 완전히 갇히고 말았다.

• • •

꽤 괜찮은 기분으로 오십이 되었다. 갱년기 따위는 나와는 상관없는 일인 듯했다. 책도 쓰기 시작했다. 마흔을 지나며 그림책이 들려준 말들에 대한 원고를 쓰고, 투고를 시작했다. 출판사들로부터 거절 메일이 날아들었다. 엎친 데 덮친 격으로 코로나가 찾아왔다. 그리고 나의 작은 세상이 사라졌다.

출판사들의 이어지는 거절로 실망한 데다, 코로나로 강의 일정이 속속 취소되자 몸과 마음이 무너졌다. 나에게 갱년기는 없다며 큰소리쳤지만 바쁘게 살다 미처 깨닫지 못한 거였다. 시간이 생기니 몸은 곳곳에서 이상 신호를 보내왔다.

심장이 두근거리고, 알 수 없는 불안이 덮쳐왔다. 밤에 잠을 이룰 수 없었다. 먼저 대상포진이라는 병명을, 다음에는 하지불안증후군이라는 병명을 더하며 갱년기를 맞이했다.

무엇보다 불안에 휩싸여 아무것도 할 수 없었다. 다시 막막했던 마흔 살로 돌아간 듯해 한심했다. 열심히 살았다고 생각했는데 이렇게 무너지는 내가 싫었다.

코로나로 모임과 강연이 취소되거나 무기한 연기되자, 마음이 편한 점도 있었다. 그런 상태로는 어디에도 설 수 없을 듯했다. 누구도 만나고 싶지 않았다. 나는 구덩이에서 손을 놓고 앉아 있었다. 숨소리조차 내지 않자 친구들이 찾아왔다.

구덩이에 빠진 끄로꼬에게 친구들이 찾아온다. 뱀과 새 그리고 원숭이까지. 친구들은 끄로꼬에게 구덩이에서 나오는 법을 알려준다. 끄로꼬는 새가 알려준 대로 날갯짓을 해 보고, 뱀이 알려준 대로 뱅뱅뱅 매달려 보고, 원숭이가 알려준 방법으로 이쪽저쪽 건너뛰어 본다. 그래도 제자리다. 끄로꼬는 여전히 구덩이 저 깊은 곳에 있다.

친구들이 끄로꼬를 놀린 것도, 장난을 친 것도 아니다. 왜 못하냐고 타박하지도, 충고하지도 않는다. 그들은 자신이 아는 최선의 방법을 알려준 것이다.

그러나 그것은 친구들 각자에게 맞는 해답이다. 끄로꼬와 친구들의 길은 애당초 다르다. 친구들이 알려준 방법은 끄로꼬에게 맞는 방법이 되지 못한다.

중요한 사실은 친구들이 끄로꼬가 구덩이에서 혼자 힘으로 올라올 때까지 기다렸다는 사실이다. 누구 하나 자리를 떠나지 않고, 울고 있는 끄로꼬의 곁을 지켜주었다.

구덩이에 빠져 멍하니 앉아 있을 때 나에게도 친구들이 찾아왔다. 끄로꼬의 친구들처럼 그들은 답을 알려주지 않았다. 충고하거나 조언하지도 않았다. 조심스레 곁에서 자리를 지켜주었다.

• • •

끄로꼬는 친구들의 다정한 마음 앞에서 눈물을 터뜨렸다. 밖으로 나갈 수 없는 자신의 처지가 슬퍼서도 울었을 것이다. 울고, 울고 또 울고. 그렇게 한참이 지나자 구덩이는 눈물로 채워진 호수가 되었다. 끄로꼬는 구덩이의 시간이 지나고 그곳에서 걸어나온다.

구덩이의 시간에 내가 할 수 있는 일을 했다. 강의를 한 것도 아니고, 그림책을 찾아본 것도 아니다. 그동안 일을 한다며 소홀했던 몸을 돌보았다.

의사의 처방에 따라 하루 30분 이상 걸었다. 식사와 수면 시간을 규칙적으로 지키려 노력했다. 의사 선생님은 해를 보며 걸으라고 했지만 처음 얼마 동안은 인적이 드문 밤길을 걸었다. 집 밖에서 타인을 만나는 것조차 힘들었기 때문이다.

밤을 걷는 시간, 이 시간이 주는 선물이 있다. 걷다 보면 머릿속을 가득 채운 생각들이 하나둘 어둠 속으로 사라진다. 화려한 풍경이 사라진 까만 길에서는 온전히 내 걸음에만 집중한다.

'10년을 나의 길을 걷는다고 했지만 여전히 이렇게 연약한 인간이구나.'

처음 길을 떠났던 그때처럼, 가난한 마음과 휘청이는 걸음으로 걸었다. 흔들리는 나의 걸음을 온몸으로 느끼며 걸었다.

한 달 두 달 걷다 보니 나를 삼킬 듯했던 불안과 하지

불안증후군은 밤의 시간 속으로 조금씩 천천히 사라졌다. 어느 날 갑자기 구덩이에 빠진 <u>끄로꼬</u>가 울고, 또 울고 다시 길을 걸었던 것처럼, 나도 그렇게 다시 길을 나섰다.

10여 년을 걷다가 오십에 만난 구덩이는 많은 것을 알려주었다. 소중한 사람이 곤경에 처했을 때 어떤 모습으로 곁에 있어야 하는지 알게 되었다. 나는 구덩이에 빠져 울고 있는 이에게 해답을 말해줄 수 없다. 찰나의 응원을 보내며 곁을 지켜줄 수 있을 뿐이다.

가장 중요한 깨달음은 몸을 잘 돌보아야 한다는 것이었다. 그러기 위해 잠시 쉬어가도 된다는 것을 배웠다.

육아로 세상과 단절된 시간을 뒤로하고 나선 길에서, 즐겁고 신이 났다. 내 이름으로 무언가 하는 사람으로 살아간다는 사실에 한껏 고무되었다. 조금씩 성장하는 나를 만나는 이 길이 참 좋았다.

일에 몰두하다 보니 건강을 챙기는 데 인색했다. 오래 걸어야 하는 길, 잠시 쉬어가도 되는 길임을 몰랐다. 나의 발걸음으로 만들며 나아가는 길이다 보니, 잠시 멈추어 주변 풍경을 바라볼 여유를 갖지 못했다. 나의 시선은 언제나 늘 다음 걸음을 생각하며 저 먼 곳에 초점을 맞췄다.

그러다 갑자기 구덩이에 빠져 멈추었다. 비로소 시선을 돌려 내 몸과 마음을 들여다보았다. 지치지 않고 걸어가는 것도 좋지만, 때론 밀도 있는 쉼을 가져야 한다는 것을 구덩이에서 깨달았다.

그렇게 산책하며, 찬찬히 구덩이에서 올라왔다.

코로나로 멈췄던 구민회관 수업을 재개한다며 프로필과 수업 계획서를 제출하라는 연락을 받았다. 나는 하지 않기로 했다. 10년 넘게 그림책으로 초중고 학생들과 함께했던 수업을 마무리했다.

쉬운 결정은 아니었다. 1년 52주가 보장된 출강 자리가 사라졌다. 새로 요청받은 강의는 없었다. 그나마 일정이 확실한 수업을 모두 내려놓은 것이다. 이제부터는 본격적으로 성인 그림책 모임에 집중하기로 했다.

내려놓아야 할 것은 내려놓고 내가 궁극적으로 하고 싶은 일에 마음과 시간을 들이기로 했다. 하고 싶은 일을 오래 할 수 있도록 조금은 단출해진 걸음을 내디딜 때가 된 것이다.

내가 원하던 길을 걷다 보면 쉼을 놓치기가 쉽다. 때때로 구덩이를 만나야 길 위에서 완전히 벗어나 나에게 집중하는 시간을 갖게 된다.

길이 보이지 않는 곳에서 잠시 멈추어 있다면, 그 시간은 오롯이 나의 하늘을 바라보자. 그 하늘 아래 나를 사랑하는 친구들이 나를 응원하고 있다. 그러니 외로워하지 말고, 구덩이 속의 시간을 찬찬히 보내자.

그리고 스스로에게 물어보자. 혹여 내려놓아야 할 것이 있는지, 아니면 나도 모르는 사이 방향을 바꿔 걷고 있는 건 아닌지. 구덩이의 모습으로 찾아온 쉼의 시간은 조금 더 가볍고 나다운 걸음을 선물해 줄 것이다.

길 위의 쉼표

- 길을 걷다 빠진 구덩이 안에서 지금 내 모습은 어떤가요?
- 질문하며 잠시 멈춰있는 당신에게 《멈춰서 바라보면》 (아술 로페스 글·그림, 목요일)을 읽어 드리고 싶어요.

10

꿈과 현실의
경계에서

크리스 반 알스버그 글·그림, 《하늘을 나는 배, 제퍼》

그림책 공부를 열심히 하던 시절, 전작 읽기로 만난 크리스 반 알스버그 작가를 좋아한다. 환상과 현실의 경계가 뚜렷하지 않은 모호한 그림책 속 세상은 아름답고 흥미롭다. 그 중 《하늘을 나는 배, 제퍼》는 토론 수업에서 이야기를 나누기도 했다.

이 책으로 중학생 아이들과 '용기인가, 만용인가?'라는 주제로 치열하게 이야기 나눈 즐거운 기억을 가지고 있다. 세월이 흘러 다시 만난 그림책은 내 안의 두 가지 목소리에 관해 묻고 있다.

주인공 아이는 누구보다 배를 잘 몰았다. 얼마나 기술

이 대단한지 배들이 다 궂은 날씨로 포구에 묶여 있을 때도 혼자 배를 몰고 나갔다. 아이는 자신이 얼마나 유능한 항해사인지 사람들에게 보여주었다.

아이는 자신이 "세상에서 가장 위대한 뱃사람"이라고 말한다. 하늘이 불길해 보이던 어느 날, 아이는 사람들의 말을 무시하고 자신의 배 제퍼 호를 띄우고 나갔다가 결국 난파당한다.

난파된 섬에는 하늘을 나는 배가 정박해 있었다. 하늘을 나는 배를 발견한 아이는 무슨 생각을 했을까? 하늘에 배를 띄우는 기술만 익힌다면 모두가 인정하는 '위대한 뱃사람'이 될 수 있다고 생각했을 것이다.

아이는 난파된 섬에서 만난 선원에게 하늘을 나는 법을 배우기 전에는 절대 떠나지 않겠다고 고집을 피운다. 간절한 부탁을 거절하지 못한 선원은 결국 배를 띄우는 법을 가르쳐 준다. 온종일 배를 하늘에 띄우는 법을 배웠지만 소년의 배는 날아오르지 못한다. 그래도 포기하지 못한 소년은 떠나는 날 아침이 오기 전, 아무도 모르게 제퍼 호를 하늘에 띄우는 데 성공한다. 소년은 자신이 살던 섬까지 배를 타고 하늘을 날아서 온다. 하지만 모두에게 인정받고 싶었던 소년은 무리한 항해로 결국 추락하고 만다.

・・・

처음 집을 나섰을 때 안개 낀 듯 희미하게 보이던 길은 시간이 흐르자 조금씩 선명해진다. 막연하게 꿈꾸던 일, 가고 싶었던 길, 되고 싶었던 나의 모습을 나의 언어로 정의할 수 있게 된다. 그리고 세상에 나의 이야기를 힘 있게 말하는 때가 온다. 그림책 속 소년처럼 "나는 —한 사람이야"라는 목소리를 낼 수 있게 되는 것이다.

우리는 조금 더 확신에 찬 걸음으로 길을 걷는다. 길이 잘 보이지 않던 때 지녔던 신중함은 슬그머니 사라지고 없다. 그동안 쌓은 경험에 의지해 모퉁이 너머 어떤 길이 나타날지 내 마음대로 예상하기도 한다.

그런데 모퉁이를 돌자 예상했던 풍경과는 전혀 다른 모습이 펼쳐진다. 하늘을 나는 배들이 정박한 섬 같은 새로운 세상이 펼쳐지기도 한다.

꾸준히 걷다 보니 어느새 수업과 모임을 열고, 책을 쓰는 사람이 되었다. 그러자 그에 맞게 해야 할 일이 생겼다. 나를 홍보하는 일이다. 내가 이런 모임을 하고, 이 책을 쓴 사람이라고 목소리를 높여야 한다. 그런데 나는 이 일이 참 어렵다.

어느 날, 메일 한 통이 왔다. 한 유튜브 채널에서 《사춘기 엄마의 그림책 수업》 책 이야기를 하고 싶다는 초대였다. 찾아보니 부모 교육 분야에서 큰 규모의 구독자를 보유한 채널이었다. 출연진은 하나같이 유명한 저자, 교육·심리 전문가들이었다. 그런데 하필 초등학교 학부모 연수 일정과 겹쳐 어렵다는 메일을 보냈다. 한편으로는 솔직히 일정이 겹쳐 다행이라는 마음이 들었다. 만약 별다른 일정이 없는 날이었다면, 나는 어떤 결정을 내렸을까?

그 유튜브 채널을 보니 많은 내용이 내가 그림책과 글을 쓰며 했던 말과 조금 결이 달랐다. 그러나 출연한다면 내 책을 홍보할 수 있는 좋은 기회가 된다. 예상하지 못한 세계로부터 날아온 초대장. 나는 이 두 세계 사이에서 어떤 선택을 해야 했을까?

• • •

 《하늘을 나는 배, 제퍼》를 처음 읽었을 때는 하늘에 배를 띄우려는 소년의 행동이 만용이라 생각했다. 하지만 시간이 지나고, 다시 만난 그림책 속 소년의 모습에서 간절함을 보았다.

 섬에서 태어난 소년은 늘 바다로 나아가는 배를 보며 자랐을 것이다. 그리고 세상에서 가장 위대한 뱃사람이 되고 싶은 꿈을 품게 되었다. 그 꿈을 위해 얼마나 많이 노력하고, 시간을 들였을지 짐작이 간다. 그런데 자신의 배로 바다가 아닌 하늘을 날 수 있다면, 그것이야말로 얼마나 꿈 같은 일이겠는가. 꼭 성공하고 싶었을 것이다. 할 수 있다면 많은 사람에게 배를 타고 하늘을 나는 모습을 보여주고 싶었을 것이다. 하지만 소년은 결국 추락했다. 하늘을 날았다는 소년의 말을 그 누구도 믿어주지 않는다. 그 후 소년은 배가 하늘을 날던 섬을 찾아 헤매며 생을 흘려보낸다.

만약 소년이 '세상에서 가장 위대한 뱃사람'이란 꿈의 무대를 바다에서 찾았다면 어땠을까? 하늘로 배를 띄우는 섬에 가지 않았다면, 자신의 원래 무대였던 바다에서 충실하게 삶을 이어갔다면 어떻게 되었을까?

아마도 그는 하늘로 배를 띄운 위대한 뱃사람이 되었을 것이다. 꿈의 섬에서 보았던 높은 하늘이 아닌, 바다에 반짝이며 비치는 하늘을 멋지게 가르며 항해했을 것이다.

내가 꿈꾸던 길을 걷다 보면 비현실적인 세계, 꿈의 세계가 펼쳐지기도 한다. 기분에 취해 잠시 두 발로 걷던 길을 잊어버리고 구름 위를 걷는다. 나도 가끔 꿈꾸는 길이 아닌 꿈처럼 비현실적인 일이 나에게 찾아오길 바랄 때가 있다.

그림책에 기대어, 때론 내가 쓴 책을 통해 나만의 길을 걷는다. 평범하고, 때론 보잘것없는 걸음일지라도 만나는 이들에게 응원이 되는 말을 건네는 사람이 되고 싶어 길을 걷는다.

그럼에도 내 책이 베스트셀러가 되기를 바란다. 작가

와 강사로 더 많은 이들과 만날 수 있기를 꿈꾼다. 브랜딩 강의나 책을 찾아보기도 한다. 일을 하며 조금 더 좋은 결과를 기대하지만, 늘 경계하는 것이 있다. 그것은 당장 쉽고 화려한 성과만을 좇으며 조급해지는 마음이다. 저 높은 곳에서 반짝이는 세상을 좇다 오늘 내가 해야 할 일을 잊어서는 안 되기 때문이다.

내가 가야 할 길은 두 발로 땅을 딛고 한 걸음씩 만들어 가는 길이다. 지름길은 없다. 당장 눈앞의 화려함에 마음이 흔들릴지라도, 처음 세상에 나올 때 내가 품었던 불씨가 꺼지지 않도록 지키며 걸어야 한다.

허황된 꿈이 아닌 내가 품었던 그 첫 마음의 불씨가 나를 이 바다 위로 나아가게 한다. 내 손에 쥔 노를 힘차게 저어 바다 위에 펼쳐진 하늘을 가르며 멋진 항해사가 되게 한다.

저 높은 하늘만 바라보는 대신 두 발로 땅을 굳건하게 딛고 내 발걸음으로 나만의 길을 만들어 나가면 된다. 그 길 위에, 나의 이야기를 써 내려가자. 우리는 이미 자기 삶의 무대에서 가장 빛나는 주인공이다.

길 위의 쉼표

- 나의 삶과 꿈을 스스로 인정하고 응원하며 걷고 있나요, 아니면 외부의 시선과 성과에 마음을 빼앗기고 있나요?
- 꿈속 세상과 현실 사이에서 잠시 흔들리는 당신에게 《넘헌테는 잡초여도 내헌테는 꽃인게》(왕겨 글·그림, 섬집아기)를 읽어 드리고 싶어요.

11

함께 걷는 길

최정인 글·그림, 《스쳐간 풍경들은 마음속 그림으로》

강렬하고 화려한 색채가 가득 담긴 그림책 《스쳐간 풍경들은 마음속 그림으로》의 주인공은 고양이다. 엄마 품에서 훌쩍 자란 고양이 작은이와 노랑이가 세상으로 향한다. 함께 길을 가다가 노랑이는 그만 교통사고를 당하고 작은이만 혼자 남는다. 길을 잃고 방황하는 작은이 앞에 한 고양이가 나타난다.

늙은 고양이는 작은이에게 다가가 배고픔을 참는 법, 비 오는 날 지내는 법, 그리고 길을 걸으며 만나는 궂은 날에 대해 알려준다. 먼저 이 길을 걸어 온 늙은 고양이는 어떤 조건이나 대가 없이 작은이 곁에서 함께 걸어준다.

그림책 활동가로 강의를 할 때도, 책을 쓰고 투고하고 출간하기까지의 과정에도, 중요한 순간에 도움을 준 고마운 인연들이 있다. 그들은 나에게 어떤 대가를 바라지 않았다. 감사를 전하기도 전에 모습을 감춘 이들도 있다. 그저 스치는 인연일지라도 길을 걷다 어려움을 만났을 때 잠시 피할 품을 내준 고마운 사람들이다.

내가 받은 마음을 돌려주고 싶어 '그림책 활동가 코칭'이라는 온라인 프로그램을 만들었다. SNS로 공지를 올리고 참여자를 모집했다. 한 사람만 오셔도 하겠다는 마음이었다. 오랜 준비 끝에 그림책 활동가로 어린이부터 성인을 만나며 배우고 느낀 바를 나누고 싶었다.

'그림책 활동가 코칭' 프로그램은 먼저 자문자답 시간으로 시작한다. 왜 그림책 활동가가 되고 싶은지, 그림책으로 무엇을 하고 싶은지, 누구와 함께하고 싶은지, 어떤 그림책 활동가가 되고 싶은지, 현재 자신에게 가장 필요한 영역은 무엇인지에 대해 이야기 나눈다. 참여자 대부분이 명확하게 답하지는 못한다. 대부분 첫걸음을 하는 분들이니 당연하다. 그럼에도 자신을 좀 더 객관적으로 바라볼 수 있기를 바라며 이렇게 시작한다. 그러고 나면 그림책 활동가와 그림책에 관한 이야기, 그림책 프로그램을 기획하고 진행하는 방법에 대해 이야기를 나눈다. 또 함께 그림책을 읽고, 주제를 찾고, 질문을 만들어 참여자 스스로 프로그램을 기획해 보도록 한다. 매시간 나는 이제 막 활동가를 꿈꾸기 시작한 분들께 나의 경험을 들려준다. 어떻게 이 길을 시작했는지, 어떤 과정으로 지금까지 이 길을 걷고 있는지 실패와 성공을 통해 알게 된 것들 등이다. 단순히 교수법을 알려주는 것만이 아니라 자신의 길을 걷기 시작하는 이들에게 내 경험을 통해 응원을 보내는 의미가 크다. 그러니 사실 '코칭'이라기보다는 '멘토링'에 더 가까운 프로그램이다.

  2021년 1월에 1기를 시작한 이 코칭 프로그램은 2025년에 11기까지 이어지고 있다. 자격증 과정도 아닌데 기수마다 5-7분이 함께했다. 서울, 수원, 일산, 의정부, 천안, 청주, 영동, 대구, 구미, 부산, 완도, 군산, 양산, 원주, 제주, 미국 등 전국과 해외에서 참여했다. 그중 20여 명의 선생님들이 지금까지 '다꿈 그림책 활동 연구회'로 매달 모이고 있다. 작은 화면 안에 둘러앉아 함께 그림책 이야기를 나누는 모임이다.

우리는 다시 꿈을 꾸는 사람들의 모임이다. 그림책 활동가, 상담사, 그림책방 지기, 도서관 사서, 방과후 교사, 편집자, 그리고 아직 아이를 키우는 회원까지 구성원은 다양하다. 이 모임에서 내 역할은 그저 문을 열고 닫는 사람이다. 대화의 문을 열고, 응원과 격려, 위로와 쉼의 자리를 지키는 문지기의 역할만 할 뿐이다.

내가 우리 연구회 회원들에게 알려드리는 것보다 배우는 것이 더 많다. 서로가 서로에게 선생이자, 친구이며 동료이자, 응원자다. 홀로 걷는 길에 서로의 울타리가 되어주는 사람들이다.

'내가 조금만 더 능력이 있다면 샘들에게 실질적인 도움을 줄 수 있을 텐데.' 연구회 샘들이 자신의 자리를 찾기 위해 분투하는 모습을 보며 자책하기도 한다. 다시 일을 시작하는 첫걸음이 얼마나 힘들고 어려운지 누구보다 잘 알기에 그렇다.

이런 내게 샘들은 중요한 사실을 일깨워준다. 우린 각자의 길을 걷고 있다고. 우린 도움의 손길이 아니라 함께 걷는 동료의 어깨가 필요하다고.

여전히 연말이 되면 고민에 빠진다. 내년에도 이 모임을 지속해야 할지 곰곰이 생각한다. 그러다 도움을 주지 못한다는 생각 자체가 오만임을 상기하고, 다시 마음을 추스른다. 언제까지일지 모르나 '다꿈 그림책 활동 연구회' 모임은 계속될 것이다. 서로가 어깨를 나란히 하며 함께 걸어갈 것이다.

그림책 속 늙은 고양이가 이제 막 세상에 나와 걷기 시작한 작은이에게 그랬던 것처럼, 우리도 각자의 길에서 만난 풍경을 나누고, 경청하고, 응원하며 걸어갈 것이다.

• • •

'시절 인연'이라는 말을 썩 좋아하지 않았다. 인생에서 만난 소중한 인연은 할 수 있다면 오래 이어가고 싶었다. 하지만 이제는 고개를 끄덕인다. 시간은 흐르고, 계절이 바뀌면 함께 걷던 우리 앞에 두 갈래 길이 놓이기도 한다. 함께하는 시간 동안 서로에게 마음을 다했기에 다정한 이별을 할 수 있다. 각자의 길을 걸어갈 서로를 응원하며 헤어질 수 있다.

하지만 여전히 나는 헤어짐의 갈림길이 나오지 않기를 바라고 있다. 비록 넓지 못한 품이지만, 다 같이 품고, 함께 울고 웃으며 어깨를 나란히 하고 걷고 싶다. 허락된 시절 동안, 든든한 길벗이 되고 싶다.

하나 더 욕심을 부리면, 언젠가는 작고 소박한 공간지기가 되고 싶다. 걷다 지친 이들이 찾아와 잠시 쉴 수 있는 안전기지가 될 수 있는 공간, 서로의 이야기가 응원이 되는 만남의 장을 만들고 싶다. 다시 세상으로 나오며 품었던 이 꿈을 지금도 포기하지 않고 소망하며 걷는다.

우리는 혼자 걷는다. 그러나 동시에 각자의 길을 걷고 있는 사람들이 우리 곁에 있다. 그러므로 우리는 함께 걷는다. 서로를 알아가고, 응원하고, 손을 마주잡는다.

이것은 우리가 이 길을 걷는 또 다른 목적이다. 나의 꿈을 위해 떠난 길은 그렇게 우리의 길이 된다.

'우리'는 어떤 조건이나 대가를 떠나 서로의 존재를 환대하는 연대다. 우리는 각자의 길을 걷지만 교차점에 모여 앉아 서로의 이야기를 경청한다. 그 이야기 속에서 나를 새롭게 만날 수 있다. 조금 더 마음을 열면, 그 속에서 어린 날의 나를 만나 따뜻하게 안아줄 수도 있다.

우리는 흔들리며 각자가 걷는 걸음의 목격자다. 세상은 모른다 해도, 때론 가족도 알지 못해도 나로 걷는 길 위에 핀 작은 꽃을 함께 바라본다. 결과 없는 길이라고, 아무것도 한 일이 없다고 자신을 비난하지 않도록, 우리는 곁에서 지켜보는 증인으로 함께 걷는다.

길 위의 쉼표

‣ 누군가의 길벗이 되어 조건 없이 곁을 지키며 응원해 준 경험이 있나요? 그 시절은 내게 어떤 의미인가요?
‣ 함께 걷는 이의 증인과 목격자가 되어줄 당신에게 《너여서 좋아》(기쿠치 치키 글·그림, 웅진주니어)를 읽어 드리고 싶어요.

12

천천히 그리고
조금 외롭게 걷는 길

아라이 료지 글·그림, 《버스를 타고》

책장을 덮고 나서도 "룸룸파룸 룸파룸"이 입에 맴도는 그림책, 《버스를 타고》는 많은 독자들이 사랑하는 책이다.

버스를 타고 멀리멀리 갈 거라는 소년의 바람과는 달리 버스는 오지 않는다. 라디오를 들으며 버스를 기다리는 소년 옆으로 트럭을 탄 사람들, 말을 탄 사람, 자전거를 탄 사람이 지나간다. 하지만 버스는 오지 않는다. 소년은 정류장에서 밤을 새우고 아침을 맞이한다. 이른 아침, 저 멀리서 뿌연 먼지를 일으키며 드디어 버스가 도착한다. 그런데 아무리 둘러봐도 소년이 탈 자리는 없다.

· · ·

 다시 일을 시작하고 내 이름으로 걷는 길에서, 그렇게 버스를 기다린 적이 있다. 조금 더 안전하고, 편안하고, 쾌적한 버스를 타고 싶었다. 무엇보다 누군가와 같은 방향으로 함께 갈 수 있으니 좋아 보였다.

 드디어 버스를 잡아타고 잠시 길을 갔었다. 어떤 교육 연구소에 잠시 적을 둔 시절의 얘기다. 하지만 버스에 올라탄 지 얼마 지나지 않아 내렸다. 아쉬운 마음을 버스에 두고 미련 없이 내렸다. 홀로 걷기로 선택했다.

 맞고 틀림의 문제가 아니다. 내가 가고 싶은 방향과 달랐을 뿐이다. 이런 과정을 겪으며 나도 그림책 속 소년처럼 마음을 바꿨다. 더 이상 버스를 기다리지 않기로 했다.

 혼자 길을 걸을 때, 적막함 속에서 알 수 없는 묘한 느낌이 든다. 아무도 없는 길을 나 홀로 걷고 있는데 어딘가에서 누군가 함께 걷고 있는 것 같다. 그럴 때면 설명할 수 없는 위안이 찾아온다. 눈에는 보이지 않지만, 이 길 너머 어느 교차점에서 홀로 걷는 사람들을 만나리라 기대하며 용기를 낼 수 있다. 그래서 혼자일지라도 룸룸 파룸 룸파룸 노래하며 걷는다.

밤새 기다리던 버스를 보내고, 소년은 생각한다. 그리고 마음을 바꾼다. 버스를 타지 않기로. 그리고 새로운 곳으로 걸어간다. 어쩌면 버스를 탔으면 딛지 못했을 땅이다.

지금 나는 내 두 발로 나만의 길을 걷고 있다. 걷다 보니 내가 딛는 길은 바뀌어 갔다. 그림책이라는 길을 걷다가 어느새 글쓰기라는 땅을 밟으며 걷고 있다. 노선이 정해진 버스 대신, 내 방식대로 천천히 걷다 보니 더 재미있게 다른 길을 탐험할 수 있었다.

올 한 해도 그림책을 읽는 만큼 책을 읽고, 글을 쓰며 보냈다. 쓰고, 쓰고, 또 쓰는 한 해였다. 4년째 참여하는 그림책 합평 모임에 가져갈 글을 썼다. 또 학교 과제로 책을 읽고, 글을 썼다.

새로운 배움은 나를 낯선 자리에 데려다 놓는다. 오십이 되어서도 배울 수 있는 것은 얼마든지 있다. 배움을 통해 처음 그림책을 시작하던 마음을 복기하고, 시야를 넓힌다. 익숙한 곳을 떠나야만 선물로 받을 수 있는 시선이다.

오십견이 무색하게 떡 제조사 과정을 수강하고, 컬러 코칭을 배웠다. 그림책 글쓰기, 서평 쓰기, 동시 쓰기와 치유 글쓰기 과정을 들었다. 그러다 글쓰기를 전문적으로 배우고 싶어 문예창작학과 편입을 생각했다. 늘 무언가를 배워 왔으니 크게 걱정하지 않고 원서를 접수했다. 대학을 졸업한 지 30년 만에 다시 대학생이 되었다. 생각한 것보다 벅찼다. 단기 과정과는 양과 질이 다른 강의와 과제와 시험을 통과해야 했다. 매일 밤 라이브 강의까지 출석하느라 1년이 그야말로 쏜살같이 지나갔다. 공부도 때가 있다는 말을 몸소 경험했다. 과목마다 해야 할 글쓰기 과제는 혀를 내두를 정도로 분량이 많았다.

오십 대 편입생으로 힘든 1년을 보냈지만, 초심자의 마음으로 글쓰기를 더 깊이 배우는 즐거움이 나를 설레게 한다.

그림책을 들고 길을 나선 지 15년, 이제 글쓰기가 더해져 넓어진 길을 걷고 있다. 길이 변한 것인지 아니면 그 길을 걷고 있는 내가 변했는지 규정할 수 없지만 나는 이 넓어진 길 위에서 자유로운 걸음으로 걷는다.

・・・

 버스를 타지 않은 소년은 멀리멀리 갈 거라며 노래한다. 타박타박 걸어서 간다고 말한다.
 '타박타박'의 사전적 의미를 보면 힘없이 다리를 조금씩 떼며 느릿느릿 걷는 모양을 나타내는 말이라고 나와 있다.
 한때 버스를 타고 빨리 가고 싶었던 소년은 이제 느릿느릿 걷는다. 소년의 여정에서 더 이상 속도는 중요하지 않다. 내가 가고 싶은 곳으로 멀리멀리 걷겠다고 한다.
 그림책을 만나고, '죽기 전에 한 권이라도 그림책의 글을 쓰고 싶다'라고 종종 생각했다. 그 소원을 향해 드디어 2021년 첫걸음을 내디뎠다. 천미진 작가의 그림책 글쓰기 과정을 수강하고, 그 해부터 지금까지 그림책 합평 모임에 참여하고 있다. 매달 그림책 원고를 쓰고, 함께 원고에 대한 의견을 주고받는다. 작가님과 글벗들이 들려주는 의견은 소중하다. 하지만 이 시간이 마냥 즐겁지만은 않다. 실력이 늘고는 있는지 의심도 든다.

처음에는 그림책을 계약하고 싶다는 초조함을 안고 참여했다. 어느 정도 시간이 흐르니 포기하고 싶었다. 목표가 이룰 기회가 오지 않으니 힘이 빠졌다. 빨리 가고 싶은 내 마음과는 달리 글은 빨리 늘지 않았다.

그렇게 2년의 시간이 지나고 드디어 《장산범과 도토리》의 원고를 완성하고, 계약했다. 그리고 1년 뒤 표지 위에 '최정은'이라는 이름이 새겨진 그림책을 받아 들고 코끝이 찡해 와 한동안 말문이 막혔다.

그림책 활동가로 다양한 강의와 모임에서 그림책을 낭독하면서, 막연히 내가 쓴 그림책을 낭독하는 순간을 꿈꿨다. 마침내 내가 쓴 그림책을 누군가에게 직접 읽어주는 행복을 마음껏 누렸다. 그 이후에도 여전히 매달 합평 모임에 참여하며 글을 썼다. 어느새 또 2년이 흘렀고, 아직 계약한 그림책은 없다. 하지만 예전처럼 초조하지 않다.

원고 계약을 목표로 삼는 마음을 내려놓았다. 조바심

내며 머리를 뜯으며 쓰지 않는다. 내가 하고 싶은 이야기를, 어떻게 하면 재미있게 전할 수 있을지 고민하며 찬찬히 쓴다. 지난달보다, 작년보다 조금 더 성장하는 것을 목표로 나의 속도대로 쓴다.

그렇게 다시 한해를 채웠다. 나는 재미있는 원고 한 편을 완성하고 출판사에 투고했다. 출판사는 그림책이 아닌 글 위주의 책으로 바꿔보면 좋겠다는 답신을 주었다. '내가 과연 그림책보다 더 긴 글을 쓸 수 있을까?' 고민이 되었다.

얼마간 고민 끝에 새롭게 펼쳐진 길로 걸어가 보기로 했다. 마침 편입한 학교에서 아동문학 창작 수업을 듣고 있었기에 도움을 받을 수 있었다. 원고와 씨름하며 찬찬히 수정을 했다. 이번에는 또 무엇을 배우고 깨닫게 될지, 시험대에 선 기분으로 설렘과 긴장감을 안고 썼다.

그렇게 완성한 원고를 출판사로 다시 보냈다. 출간 계약이라는 영화 같은 결말이면 좋았겠지만 그렇지 못했다. 하지만 괜찮다. 낯선 도전을 했고, 내 분량만큼 최선을 다했고, 새로운 경험을 통해 내가 써 나갈 글에 대해 더 진지하게 고민했으니, 그것으로 충분하다.

앞으로도 그럴 것이다. 책을 출간하겠다는 마음보다, 재미있고, 아름다운 글을 쓰고 싶다는 마음이 먼저다. 내가 쓴 글을 읽어주고, 진심 어린 조언을 해줄 벗들과 함께 성장하고 싶다. 아주 작은 응원과 위로라도 전해주는 글을 쓰고 싶다.

우리는 모두 저마다의 속도로 혼자 걷는다. 때론 버스를 타고, 때론 걷는다. 무엇을 타든, 타다가 내리든, 두 발로 걷든, 자신의 길을 만들며 걷는 사람들에게는 자신의 원칙이 있어야 한다.

왜 버스를 타고 싶은지, 왜 홀로 걸어가야 하는지, 이 길에서 나의 속도와 방향에 대해 질문하고, 선택하며 걸어가야 한다.

내가 내린 선택이 나를 어디로 이끌지 알 수 없다. 오늘의 선택에 책임을 지며 타박타박 걸어가면 된다.

길 위의 쉼표

- 나는 오늘 무엇을 타고 어떤 속도로 이 길을 지나가고 있나요?
- 어떤 선택이든 자신의 속도와 방향으로 홀로 걸어가는 당신에게 《나에게 주는 상》(이숙현 글, 안소민 그림, 호랑이꿈)을 읽어 드리고 싶어요.

| 길 위에서 만난 사람 3 |

청년들을
섬기는 기쁨

지우 글·그림, 《나는 돌이에요》

책을 펼치면 알, 돌, 콩이 올망졸망 등장하는 그림책 《나는 돌이에요》. 이 그림책은 돌의 시간에 관해 이야기한다. 돌이 보낸 백만 년이 넘는 시간을 보여준다. 정적인 존재처럼 보이는 돌이 얼마나 치열하게 자신의 삶을 살고 있는지 보여준다. 돌의 빛깔마다 스민 시간의 흔적과 이야기를 생각하게 하는 그림책이다.

우리는 살아가며 다양한 경험을 한다. 그림책 속 돌처럼 구덩이에 빠지기도 하고, 누군가에게 차일 때도 있다. 돌은 묵묵히 그 시간들을 온몸으로 살아낸다.

삶의 시간을 온몸으로 살아낸 그녀를 만난 것은 9년 전

토론법을 배우는 자리였다. 자전거를 타고 동네를 누비는 그녀는 운동선수 출신이었다.

고등학교 때까지 촉망받는 필드하키 선수였지만, 부상이 발목을 잡았다. 스무 살의 문 앞에서 꿈이 좌절되었고, 진로를 고민할 겨를도 없이 사회로 떠밀려 나왔다.

꿈을 위해 앞을 향해 달려왔던 성실함 덕에 사회생활에 잘 적응했다. 학원에 사무직으로 취직해 열심히 일하고, 공부했다. 그리고 결혼해 두 아이의 엄마가 되었다.

어느 날 마음속에 낯선 물음이 찾아왔다. '나는 어떤 삶을 살고 싶은가'라는 고민이었다. 틈틈이 아르바이트하고, 동네 공동체 사업도 해보았지만, 근원적인 질문에 대한 답이 되지 못했다. 그러다 아이 때문에 공부를 시작하고, 강사의 세계로 발을 디뎠다. 수업에서 아이들을 만나며 그녀는 알게 되었다. 자신처럼 진로와 세상에 대해 고민하는 청소년들에게 마음이 끌린다는 걸 깨달았다.

주저 없이 새로운 공부를 시작했다. 청소년 교육을 배우며 하고 싶은 일을 구체적으로 꿈꾸기 시작했다. 공부하면서, 강의도 하고, 그 와중에 시어머니 간병도 했다.

외부 일정이 있는 날에도 집에 일이 있으면 집에 왔다가 다시 일터로 향했다.

두세 명의 몫을 해내던 그녀는 시에서 운영하는 협동조합 사무국의 간사로 일을 시작했다. 나중에 청소년, 청년 대상의 일을 하기 위해 필요한 경험이라 생각하고 선택했다.

여러 협동조합의 의견을 조율하고, 사무와 회계업무까지 처음 하는 일을 하며 때론 싫은 소리도 들었다. 하지만 포기하지 않고 하나부터 열까지 배우고 익혔다. 해를 거듭하며 그녀는 완벽하게 역할을 감당했다. 더 이상 누구도 그녀가 하는 일에 토를 달지 않았다.

자신의 시간 속에서 엎치락뒤치락, 오르락내리락하며 온몸으로 살아낸 돌처럼, 그녀도 자신의 시간을 온몸으로 살았다.

그러던 어느 날, 도에서 운영하는 기숙사에서 관리 사감을 모집한다는 공지가 눈에 들어왔다. 가슴이 다시 뛰었다. 청년들과 함께할 수 있는 곳에서 일하고 싶었던 그녀는 필요한 자격증 공부를 시작했다. 서울까지 다니며

학원 강의를 수강하고, 국가 자격증을 취득하고 이력서를 넣었다. 그리고 기숙사에 취업했다.

꿈을 이루기 위해 애쓰는 이십 대 청춘들에게 그녀는 잠시 스칠지라도 응원이 되어주고 싶었다. 타지 생활을 하는 이들에게 기숙사가 안전한 집이 되도록 세심히 살폈다. 인문학 소양을 높이는 프로그램도 기획했다.

가끔 야간 근무가 힘에 부치긴 했지만, 원하던 곳에서 즐겁게 일했다. 한참을 행복하게 일하던 그녀에게 또다시 작은 물음표가 생겼다. 지금의 안정적인 월급과 편안한 자리도 좋았지만, 더 먼 앞날을 위해 무엇을 해야 할지 고민하기 시작했다.

그런 그녀에게 예전 직장에서 알게 된 ○○○협동조합에서 이사직을 맡아 달라는 제안이 왔다. 그녀는 또 한 번의 선택을 했다. 이곳저곳에 머물면서 아름다운 빛깔로 물든 그림책 속 돌처럼, 그녀도 다양한 빛깔로 물들었다.

지금 그녀는 협동조합 이사로 일하며 조합에서 운영하는 샌드위치 카페에서 몸으로 경험을 쌓고 있다. 이 자리에서 얼마나 더 일할지는 알 수 없다. 하지만 한 가지 계획은 있다. 엄마의 등을 보고 자라 사회복지를 전공하는 첫째와 함께할 내일을 준비하는 것이다. 언젠가는 청년들을 위한 작지만 내실 있는 센터를 운영하겠다는 꿈이 있다.

 꿈꾸던 길에서 좌절을 먼저 맛본 십 대 시절을 보냈지만 이제는 자신과 같은 청년들에게 알려주고 싶다. 그들 앞에 얼마나 많은 길과 다양한 세계가 펼쳐져 있는지를. 그래서 그 꿈을 향해 오늘도 새벽 공기를 가르며 자기만의 빛깔로 하루를 채워간다.

4부

이제

더
분명해진

나의 길

13

먹고사는 일의
우아함

정희선 글·그림, 《막두》

부산의 자갈치 시장 하면 싱싱한 생선처럼 씩씩한 자갈치 아지매들이 떠오른다. 막두 할매는 자갈치 아지매다. 할매의 힘차고 우렁찬 목소리는 날마다 시장을 울린다. 그런데 이런 할매에게도 무서운 것이 있다. 바로 영도 다리다. 멀리서 다리가 올라가는 소리만 들어도 심장이 쿵쾅거린다.

이북이 고향인 할매는 전쟁통에 가족과 헤어져 혼자 됐다. 열 살 때 식구들을 잃고 부산으로 내려왔다. 혹시 헤어지게 되면 부산 영도 다리로 오라고 했던 엄마 말을 기억하며 어린 막두는 홀로 걸어서 영도 다리를 찾아갔다. 그러나 아무도 만나지 못했다.

그 후, 할매는 60년 동안이나 자갈치 시장에서 자리를 지켰다.

• • •

나의 오십은 코로나와 함께 시작했다. 하늘의 뜻을 안다는 나이답게 우아한 오십을 막연하게 꿈꿨다. 아이들, 남편과 나눠 쓰던 시간을 이젠 온전히 내 것으로 누리며 치열함보다는 유유자적인 오십을 꿈꿨다. 그림책 이야기도 좀 더 여유 있게 나누고 싶었다. 하지만 현실은 그렇지 못했다. 오십이 되어도 먹고사는 걱정에서 벗어나지 못하는 신세였다.

막두 할매는 60년 가까이 자갈치 시장에서 생선을 팔았다. 할매는 좌판 가득 싱싱한 생선을 채우고 손님을 맞는다. 할매는 모르는 생선이 없다. 생선을 보고 트집 잡는 사람에게 얼마든지 자신 있게 쏘아붙일 수 있다.

그런 할매지만 치매를 앓는 어머니를 돌보느라 힘든 단골에게는 광어를 거저 주며 위로한다. 할매의 다정하고 따스한 마음은 어디에서 왔을까.

"막두도 저만치로 대단하게 살았심더." 막두 할매가 걸어 온 길이 얼마나 힘들었을지 헤아려 볼 수 있는 짧은 대사다.

어린 막두는 아무 연고 없는 부산에서 60년을 살아냈다. 먹고살기 위해 어린 손으로 자갈치 시장에서 허드렛일을 돕다 좌판을 얻고, 결혼하고, 아이를 길렀다.

그림책 속 막두 할매의 방에는 벽면 가득 액자가 걸려 있다. 학사모를 쓴 자녀들과 귀여운 손주들까지 단란한 가족사진이다. 할매가 스스로 대단하게 살았다고 당당하게 말하는 이유다.

먹고, 사는 일. 나는 그림책 활동가로 돈을 벌고, 생계에 보탰다. 그런데 나는 막두 할매처럼 왜 당당하지 못할까.

꿈을 찾아 내 안의 빛을 따라 걸었다. 10년쯤 하면 돈 걱정 없는 삶을 살리라 기대했다. 내가 생각한 우아한 오십은 사실 돈 버는 일과 무관한 삶이었다. 하지만 나는 여전히 일하고, 돈을 벌며 살고 있다.

우아한 삶이라 표현했지만, 사실은 돈을 터부시하는

마음이었다. 오십이나 되어서도 돈에서 자유롭지 못한 것이 부끄러웠다.

생선을 높이 들고 외치는 할매의 모습을 보며 찬찬히 생각했다. 여전히 자족하지 못하고 불평하고 원망하는 마음이 깊이 자리하고 있음을 알게 되었다. 스스로 만족하지 못하니, 당당하지 못한 것이다.

• • •

막두 할매는 다시 영도 다리가 올라간다는 소식을 듣는다. 다시 찾은 영도 다리 앞에 열 살 꼬마가 아닌 칠십의 할매가 서 있다. 영도 다리가 올라가는 소리만 들어도 무서워 심장이 뛰던 꼬마 막두는 더 이상 그곳에 없다. 어느새 자신과 헤어질 때의 오마니, 아바이보다 더 나이 든 막두가 서 있다. 막두 할매는 이제 영도 다리를 똑바로 바라볼 수 있다.

경제적인 걱정은 나에게 두려운 영도 다리와 같다. 언제쯤이면 두렵지 않게 될까?

두 번째 에세이 《사춘기 엄마의 그림책 수업》을 출간

한 즈음, 마음이 거세게 일렁였다. 3월을 앞두고 있었지만, 일정을 표시하는 달력은 상반기 내내 비어 있었다. 거기다 이번에 출간된 책이 얼마나 팔릴지 걱정이 머리 속을 떠나지 않았다.

첫 번째 책인 《마흔에게 그림책이 들려준 말》이 분에 넘치게 사랑을 받았다. 그 덕에 두 번째 책을 출간할 수 있었다. 책을 출간한다고 해서 삶은 크게 바뀌지 않는다. 그럼에도 일정이 없는 달력을 보니 '조금만 참으면'이란 주문을 외며 경제적으로 자유로운 날이 오기를 기대했던 마음이 무색해지고 한숨만 나왔다. 그러던 차에, 그림책 친구에게 연락을 받았다.

친구는 대구에서 열리는 북토크 소식을 듣고는 자신이 사랑하는 길, '한티 가는 길'에 나를 꼭 초대하고 싶다고 했다.

나는 등산을 정말 못한다. 산뿐만 아니라 경사진 곳을 걷는 것 자체가 힘들다. 산을 오를 때는 무리에서 늘 꼴찌였다. 그런 내가 한티 순례길, 산속의 길을 걷자는 초대를 받은 것이다.

산길을 생각만 해도 심장이 두방망이질하는 듯했다. 그런데 이상하게도 그곳에 서야 할 것 같은 마음이 들었다. 살다 보면 어떤 공간이 나를 부를 때가 있다. 그곳에는 내가 마주해야 할 무언가가 기다리고 있었다. 살면서 경험으로 깨우친 일이기에, 나는 초대에 응했다.

'한티 가는 길'은 "그대 어디로 가는가"라는 물음에 저마다의 답을 찾으며 걷는 길이다. 오래전 천주교 신자들이 박해를 피해 걷던 길, 그 길을 따라 21세기의 순례자들이 걷는다. 나는 길을 걸으며 내가 믿는 하나님께 물었다.

'하나님, 언제까지 이 먹고사는 일에 매여 살아야 하나요? 저도 이제는 좀 우아하게 살고 싶어요.'

존재의 이유를 묻는 길 위에서 나는 현실적인 투정을 하며 걸었다. 두 번째 책이 나오고 일렁이던 감정을 날 것 그대로 쏟아내며 한 걸음 한 걸음 옮겼다.

몰아치는 호흡을 고르며 친구가 나에게 꼭 보여주고 싶다던 정상에 서서 알았다. 언제까지 이렇게 살아야 하냐고, 나도 우아하게 살고 싶다고 투정하던 내 앞에 산기슭에 서 있는 예수님이 보였다. 십자가 예수상을 처음

본 것도 아닌데, 그 예수상은 비쩍 마른 몸에 볼품없는 모습이었다.

"아." 짧은 탄식과 함께 나는 친구에게 이 모습을 보려고 이 길을 올라왔나 보다고 고백했다. 섬김의 본이 되신 예수의 제자로 살겠다고 고백했지만 난 대접받기를 원했다. 이제는 대접받으며 우아하게 살고 싶다고 떼를 쓰고 있었던 것이다.

내 삶에 만족하지 못하고, 불평하며 원망했던 어리석음을 예수님의 발 아래 내려놓고 돌아왔다.

막두 할매는 여전히 자갈치 시장에서 외친다. 꽃무늬 장화를 신고, 일바지를 입고, 빨간 고무장갑을 끼고, 손에는 생선을 들고, 힘차게 외친다. 자녀를 보란 듯이 키워낸 할머니가 지금도 자갈치 시장을 떠나지 않는 이유는 무엇일까?

할머니에게 생선을 팔고 돈을 버는 일은 주체적인 삶의 증거다. 그것은 내가 나로 살 수 있는 힘이다.

막두 할매처럼, 나도 이 길을 계속 걸어갈 것이다. 먹고사는 일이 삶에서 중요하다는 사실을 마주하고, 나의 수고를 내가 먼저 인정해 주며 걸어갈 것이다. 내가 좋아하는 그림책으로 돈을 버는 것을 부끄러워하지 않고, 내가 흘린 땀과 시간을 기억할 것이다. 그것이 좋아하는 일을 오랫동안 할 수 있는 힘임을 잊지 않을 것이다.

막연하게 꿈꾸던 우아한 삶은 나의 몫이 아닐 수 있다. 그렇다 해도 이제는 괜찮다. 오십을 보내고, 육십이 되어도 몸을 움직이며 내게 허락된 일을 하며 살아갈 것이다. 땀 흘리며 일하는 사람으로, 노동하는 사람으로, 내게 허락된 오늘의 양식을 거두며 걸어갈 것이다.

그것이 나를 찾아 떠난 길에서 만난 소명과 다르지 않음을 알고 계속 나아갈 것이다.

길 위의 쉼표

- 오늘 내가 하는 일, 노동의 가치를 인정하고 있나요?
- 먹고사는 일, 우아한 노동의 길에서 애쓰는 당신에게 《섬 위의 주먹》(엘리즈 퐁트나유 글, 비올레타 로피즈 그림, 오후의소묘)을 읽어 드리고 싶어요.

14

돌아볼 때
선명해지는 길

다케요이 가코 글·그림, 《변기의 신나는 모험》

지인이 자신의 아이가 좋아한다며 소개한 그림책 《변기의 신나는 모험》. 제목부터 심상치 않더니 한동안 품에 안고 다니며 여기저기에서 낭독해 드렸다.

깊은 산속, 낡은 빈집 화장실에 변기 똥글이가 있다. 똥글이는 끊긴 물이 다시 가득 찰 날을 기다리고 또 기다린다. 그러던 어느 날, 똥글이는 "이젠 기다리지 않을 거야"라며 물을 찾아 집을 나선다.

똥글이는 어디로 가겠다고 생각하지 않고 무작정 집을 나섰다. 길을 가며 만나는 이들에게 길을 묻는다. 그들은 물이 있는 곳을 친절히 알려준다. 그런데 답이 다

다르다. 새는 곧 비가 올 거라 알려준다. 조금 더 걷다 갈림길에서 만난 곰과 멧돼지는 각각 못과 강으로 가는 서로 다른 길을 알려준다. 똥글이는 곰이 알려준 길, 강을 향해 걸어간다.

똥글이는 물이 좋다. 물이 있어야 변기로서 온전히 존재할 수 있다. 산속 빈집에서 물을 기다리다가, 더 이상 기다릴 수 없어 길을 나선 똥글이는 질문하며 걷는다. 물이 어디 있느냐고, 어디로 가야 하느냐고 주저 없이 묻는다.

・・・

나를 찾아가는 길, 내가 좋아하는 것을 찾아가는 길은 질문하며 가는 길이다. 명확한 청사진이나 안내판은 없다. 여러 갈래 길 중에 스스로 선택하며 걸어가는 길이다.

똥글이는 곰이 말한 강으로 가는 길을 선택했다. 강이 더 넓고 물이 많아서 선택한 것이 아니다. 똥글이는 곰의 설명을 듣고 "와, 그거 멋지다"라고 한다. 마음이 가는 대로 선택한 것이다. 지나와 보니 좋은 선택이었다고 고백할 수 있을 뿐, 그때는 그저 끌리는 쪽을 선택했다.

우리가 걷는 길도 그렇다. 매 순간 선택하며 걷는 길이다. 그 선택이 나를 어디로 인도할지, 그 걸음의 의미와 목적도 잘 알지 못한다. 선택들이 모여 내가 걷는 길이 될 뿐이다. 시간이 흐르고 흘러 뒤를 돌아보았을 때 그제야 조금은 선명해진 지난 길이 보인다.

길을 잃을 때도 있다. 길을 헤매며 시간을 허비했다고 생각한 지점인데, 돌아보면 거기에서 내가 어떤 존재인지 더 깊이 성찰할 수 있었음을 알 수 있다. 제자리걸음을 했던 곳에서 나의 본질과 세상을 바라보는 새로운 시선을 얻기도 한다. 오랜 시간이 지난 후에야 마주할 수 있는 진실이다.

어둠의 골짜기에서 버티고 또 버티며 시들어가던 마흔, 살려고 힘을 다해 내디뎠던 걸음의 의미를 15년이 지난 오늘에야 깨달았다. 이해할 수 없었던, 절망으로 가득했던 그때의 의미를 오십 중반에야 비로소 이해하게 되었다.

이 길은 오롯이 오늘에 시선을 두고 걸어가야 하는 길이다. 오늘 걷는 걸음의 의미는 먼 훗날 잠시 쉬어가는 언덕에서 뒤돌아볼 때 알 수 있을 것이다.

• • •

드디어 강물에 뛰어든 똥글이는 또 다른 선택을 한다. 머무르지 않고, 물살에 몸을 맡겨보기로 용기를 낸다. 강물을 따라 흘러 어디로 갈지는 알 수 없다. 이 결정이 어떤 의미인지, 이 여정이 자신의 삶을 어떻게 바꿀지도 알지 못한 채 다시 떠난다. 그렇게 며칠이 흘러 똥글이는 드넓은 곳으로 나왔다. 온 세상이 물인 바다였다. 깊은 산속에 살던 똥글이가 새로운 세상인 바다에 있다. 새 친구도 생겼다. 바닷속 조개들은 똥글이를 '큰 조개'라고 부른다.

"조개? 내가 조개라고? 난 깊은 산속에 살다 와서 잘 몰라."

산속에 있던 변기는 바다에 와서 다른 존재가 되었다. 똥글이는 그들이 자기를 왜 조개라 부르는지 알 수 없다. 그런데 가만히 보면 뚜껑이 벌어지고 닫히는 변기의 모양은 조개와 닮았다.

그렇다고 똥글이가 정말 조개로 변한 것은 아니다. 세월이 흘러 금이 가고 낡았지만, 여전히 변기의 모양으로 깊은 바닷속에 자리하고 있다.

우리도 그렇다. 우리의 겉모습은 크게 변하지 않는다. 물론 시간은 우리의 몸을 조금씩 약하게 만든다. 그림책의 글이 잘 보이지 않아 돋보기를 쓰고 낭독해야 하고, 작가의 이름이 머릿속에서만 맴돌다 사라지기도 한다. 비록 몸은 늙어가도, 처음 내가 좋아하는 것을 찾아 길을 나섰던 마음은 여전히 낡지 않고 더욱 단단해졌다. 또한, 이 길에서 배우고 깨달은 것들이 차곡차곡 쌓여 내 안에 새로운 무늬가 새겨졌다.

똥글이에게 산속 이야기를 들려달라는 조개들처럼 세상은 우리에게 이야기를 들려달라고 청한다. 길을 걸어온 시간만큼 깊이와 결을 품은 우리의 이야기를 궁금해한다. 변하지 않은 듯 보이지만 결코 예전과 같지 않은 우리가, 집을 떠나온 여정에서 길어 올린 이야기를 세상은 기다린다.

　우리는 지난 걸음이 만들어 온 여정을 겸손한 태도와 따스한 목소리로 들려주어야 한다. 그것은 세상을 향해 말하는 일인 동시에, 나 자신에게 들려주는 일이기도 하다. 아무에게도 말할 수 없었던, 스스로에게도 말하지 못했던 걸음의 의미를 내 귀에 속삭이는 일이다.

　나의 여정 이야기를 나누는 일은 질문을 던지는 일이기도 하다. 내 이야기를 듣는 이에게는 '당신의 여정은 어떤 이야기를 품고 있나요?' '당신은 지금 어디쯤 걷고 있나요?'라는 물음이다. 지난한 시절을 지나온 나에게는 '지난 걸음의 의미를 깨닫게 되었는지' '처음 마음으로 길을 걷고 있는지' 라는 질문이다.

　그렇게 우리가 함께 이야기를 나눌 때, 우리는 서로 지지하고 응원하며 다시 길을 나서는 힘을 얻는다. 화려한 성공담은 아닐지라도, 걸음마다 각자의 고유함으로 물든 길에 관해 이야기하며 우리는 지난 걸음의 의미를 함께 축하할 것이다.

길 위의 쉼표

‣ 당신이 지금까지 걸어온 길에 대해 어떤 이야기를 들려줄 수 있나요?
‣ 오늘 내가 걷는 걸음의 의미를 다 알 수 없지만, 그럼에도 걷고 있는 당신에게 《무엇이든, 언젠가는》(어맨다 고먼 글, 크리스티안 로빈슨 그림, 주니어RHK)을 읽어 드리고 싶어요.

15

비로소
마주한 것

앨리슨 맥기 글, 유태은 그림, 《수많은 날들》

《수많은 날들》은 아쉽게도 절판되었지만, 내게 특별한 그림책이다. 그림책 활동가 코칭 과정의 마지막 수업에 꼭 낭독하는 그림책이기도 하다. 이제 저마다의 길을 걸어갈 샘들을 응원하는 마음을 가득 담아 읽어준다.

그림책 속 아이는 길을 떠난다. 앞으로 펼쳐질 날들을 궁금해하며 걷는 아이의 마음은 질문으로 가득하다.

"무엇이 될까? 어디로 갈까? 어떻게 알 수 있을까?"

질문을 품고 걷는 길에서 때론 폭풍우와 거센 눈보라, 캄캄한 밤을 만나기도 한다. 하지만 아이는 그 속으로 당당하게 걸어간다.

∙ ∙ ∙

엄마라는 이름에서 벗어나 다시 '나'의 이름을 찾아 길을 걷다 보니 어느새 15년이 흘렀다. 내 이름 옆에는 그림책 강사, 독서토론 강사, 진로 진학 강사 등의 호칭이 하나둘 더해졌다. 그러다 나 스스로 그림책 활동가로 불리길 원했고, 조금 더 걷다 보니 책을 쓴 작가로도 불리고 있다.

내가 이렇게 다양한 이름을 가지고 살게 될 줄 몰랐다. 그저 잠시 집을 나와 한 걸음 내디뎠을 뿐인데 상상하지 못했던 길이 눈앞에 펼쳐졌다.

그림책 속 아이도 자신의 여정에서 다양한 일을 경험했다. 혼자 걷던 길에서 함께 걷는 친구를 만난다. 때론 변화무쌍한 날씨 속에서 한층 더 성장한다.

우리는 다양한 어려움을 통해 성숙해진다. 나 역시 그랬다. 혼자 걷다가 친절한 사람들과 함께 걷기도 하고, 때론 바람이 몰아쳐 와 멈춰 서기도 했다. 하지만 그림책 속 주인공이 품었던 질문 "무엇이 될까?" "어디로 갈까?" "어떻게 알 수 있을까?"에 대한 답을 찾아 계속 걸었다.

마흔에 비로소 시작한 '나만의 길'이 되는 여정이었다. 좋아하는 그림책을 들고, 마음이 이끌리는 쪽으로 걸었다. 그림책이 건네는 말들로 나의 지도를 만들며 걸었다. 때론 목적지라고 생각했던 곳이 신기루처럼 사라지기도 했고, 여전히 모르는 것투성이인 길을 걷고 있다.

그림책이 있는 소박하고 다정한 울타리 같은 공간을 꿈꿨다. 흔들리는 이들이 잠시 쉬어갈 수 있는 따스한 공간을 상상하는 것만으로도 행복했던 나에게 드디어 조금의 여윳돈이 생겼다. 이 일을 시작하며 아주 오랫동안 기다려온 순간이었다. 하지만 어쩔 수 없는 일로 결국 그 돈은 내 손에 들어오지 못했다. 그 일이 마음속에서 소화가 되지 않아 잠시 바닷가 마을로 떠났다. 매일 바람 부는 바다 앞에 서 있었다. 봄날의 바다라기엔 무섭게 일렁이는 파도 앞에서 물었다.

나는 무엇을 하고 싶은지, 어떤 삶을 살고 싶은지, 앞으로 어떻게 해야 하는지….

그 차가운 봄날, 밀려온 파도와 함께 잠시 행복했던 나의 꿈을 떠나보냈다. 그러나 길은 멈추지 않기로 했다. 오늘, 내가 딛고 있는 오늘에만 시선을 두기로 했다. 과거도 미래도 아닌 내가 움직일 수 있는 오늘 하루만 성실히 살아가겠다고 다짐했다.

이처럼 삶은 내가 계획한 대로 흘러가지 않지만, 그 속에서 나는 또다시 나아갈 힘을 얻으며 성숙해진다.

마흔에 집을 나와 나의 길을 만들며 걷고 있다. 이 길에서 상상도 못 한 행복을 경험했고, 바라는 것이 눈앞에서 사라지는 일도 겪었다. 이런 일이 생기는 것은 당연하다. 그러니 좌절하거나 분노에 매몰되지 말아야 한다.

잠시 실망과 슬픔에 머물다 다시 길을 나서면 되는 것이다. 내가 소망하던 공간을 언제 꾸릴 수 있을지 알 수 없다. 하지만 나는 여전히 내가 좋아하는 그림책을 들고, 기쁨과 슬픔이 공존하는 이 길을 걸어갈 것이다.

・・・

그림책 속 소년은 변화무쌍한 길을 걸으며 중요한 사실을 깨달았다. 자신은 스스로 알고 있는 것보다 훨씬

강하고, 용감하고, 씩씩하고, 훨씬 더 사랑받는 존재임을 알게 되었다.

나 역시 많은 날 행복했지만, 때로 벗어나고 싶었던 순간들을 지나며 '나'라는 존재에 대해 중요한 사실을 깨달았다.

마흔에 시작한 이 길을 걸으며 괜찮다고 여겼던 나의 민낯을 마주했다. 오만한 내 모습을 인정하느라 씨름하던 날들도 있었다. 늘 유능한 삶이길 바라며 종종거리던 걸음에는 무능한 단면을 들킬까 봐 애쓰는 내가 있음을 보았다.

그런 나를 마주하며 울고, 웃으며 길을 이어가자 또 다른 얼굴이 보였다. 스스로 불안이 많은 사람이라 생각했지만, 나는 누구보다 용감한 사람이었다. 주어진 자리에서 내가 할 수 있는 일을 찾아 도전하며 멈추지 않고 실천하는 힘이 있었다. 부족하다고 생각하던 나의 내면에는 어떤 재능보다 귀한 '꾸준함'이 자리하고 있었다. 무엇보다 큰 선물은 더 이상 나를 미워하거나 부끄러워하지 않는다는 것이다. 복잡하고, 모순 많은 내가 이제는 제법 괜찮다. 내가 나라서 참 좋다.

나를 찾아 걷는 길이란 내가 누구이고, 어떤 삶을 살아왔고, 오늘은 어떻게 살고 있으며, 앞으로 어떻게 살아가고 싶은지를 탐색하고 받아들이는 길이다. 내 삶의 의미와 본질을 마주하는 걸음이다.

이 길은 누구나 걸을 수 있다. 내가 특별히 인내심이 뛰어나거나 용감해서도 아니다, 우리는 모두 자신이 알고 있는 것보다 훨씬 강한 존재다.

엄마는, 여성은 연약하지 않다. 생명을 품어 탄생의 순간을 맞이하고, 품 안에 온 아이를 양육하고, 온전한 인격체로 키워 떠나보내는, 강하고 광활한 존재다. 그러므로 또한 다시 집을 나서 각자의 길을 용감하고, 지혜롭게 걸어갈 수 있다.

또한 이 길은 내 안에 가득한 지난 슬픔과 상처를 똑바로 바라보는 여정이다. 마주한 상처에 생긴 딱지가 떨어지고, 새살이 돋는 시간이다. 묵묵히 걷다 보면, 어느새 상처는 사라지고 남은 흔적은 나의 고유한 빛깔로 물든다. 이 길은 끝끝내 이 세상에서 단 하나뿐인

'나'를 마주하는 길이다. 그 누구와도 비교할 수 없고, 비교해서도 안 되는 나를 발견하고, 그런 나를 사랑하는 길이다.

지난 모든 걸음, 흔들리며 나를, 나의 이름을 찾아 나섰던 걸음은 결국 나에게로 오는 길이었다. 지나온 길에서의 경험과 이야기가 쌓여, 결국 나를 알고, 내 삶의 소명을 발견하는 여정이 되었다.

소명은 대단한 사람에게만 주어진 것이 아니다. 나의 소명은 내가 살아내는 삶 그 자체다. 내가 마땅히 해야 할 일, 나의 소명을 오늘도 기억하며 걷는다.

다시 나의 이름을 찾아 떠난 길, 이 길에서 내가 누구인지 발견하며 걸어가면 된다. 멈추지 않고 걷다 보면 자신이 알고 있는 것보다 훨씬 더 강하고, 용감하고, 씩씩하고, 사랑받기에 마땅한 나를 마주하게 될 것이다.

길 위의 쉼표

‣ 오늘 내가 걷고 있는 길에서 마주한 나의 존재는 어떤 모습인가요?
‣ 험한 길을 지나 끝끝내 고유한 자신을 마주할 당신에게 《속지 마세요 Don't be fooled》(자이언제이 글·그림, 샘터사)를 읽어 드리고 싶어요.

16

이 길 끝에서

알프레도 코렐라 글, 호르헤 곤살레스 그림, 《끝의 아름다움》

제목을 처음 보는 순간, 저절로 손이 간 그림책《끝의 아름다움》. 과연 끝이 아름다울 수 있을지, 어떤 끝이어야 아름다울지 궁금한 마음으로 그림책을 열었다. 이 책의 주인공은 100년을 산 거북 니나다. 니나는 "끝이 무엇인지 알아야겠어"라며 느릿느릿 걷기 시작한다. 그 길에서 개미, 애벌레, 제비, 뱀, 꾀꼬리, 강을 만나 끝이란 무엇인지 질문한다.

    니나는 본능적으로 알았을 것이다. 생의 끝이 자신에게 다가오고 있음을. 그래서 길을 나선 것이다.

⋯

 내가 하는 일은 사회에서 통용되는 말로 '프리랜서 강사'다.

 이 일은 요청하는 곳이 없으면 언제든 끝날 수 있다. 그래서일까. 능동적인 끝보다는 수동적인 끝을 자주 생각했다. 마치 그림책 속 개미가 "가을에 모아둔 먹이가 다 떨어져 겨울을 날 수 없는 것"을 끝이라고 정의한 것처럼 나 역시 그랬다. 언제일지 모를 이 일의 끝을 불안하게 여겼다.

 그런데 요즘은 생각이 조금 바뀌었다. 찾아주는 곳이 없으면 이 일도 끝이 나겠지만, 그 끝에는 의미가 있을 거라고 생각한다.

 그림책 속 제비의 말처럼, 끝은 때론 방향을 바꿔야 할 순간임을 길 위에서 배웠다. 구민회관의 어린이 수업을 끝내고 나는 방향을 틀어 전부터 꼭 하고 싶었던 '그림책 활동가 코칭' 수업을 시작했다.

 끝과 시작의 경계는 모호하다. 글을 쓰는 것 역시 언제 시작했는지 언제 끝날지 정확히 말하기 어렵다. 자연

스럽게 기록해 온 일상과 그림책 이야기가 쌓여 책이라는 결과물이 되어 끝을 맺는다.

《끝의 아름다움》에는 끝에 대한 다양한 정의가 나온다. 끝이라는 말에는 여러 빛깔이 담겨 있다. 그런데 나는 왜 이 말을 막연한 불안함으로 바라보았을까?

그림책 활동가의 일을 내 소명과 동일시했기 때문이었을 것이다. 그림책 활동가이자 저자로 나는 사람들을 응원한다. 나처럼 다시 시작한 사람들에게 힘을 북돋아 주고 싶어 그림책을 들고 그들을 만나러 간다. 이것이 꼭 강의나 수업 또는 책을 통해서 할 수 있는 일이 아니다. 더 이상 나를 청하는 기관이 없고 설 강단이 없다 해도 내가 걷는 길의 끝은 아니다.

요청하는 곳이 없다면 내가 그림책 모임을 꾸려 나가면 된다. 올해도 기관의 강의 의뢰를 기다리지 않고 모임을 만들어 진행했다. 그림책을 들고 우리 동네 수원화성 길을 걷고, 연무정에 모여 앉아 이야기를 나누었다. 더 이상 끝을 두려워하지 않고, 그곳에서 시작할 수 있었다.

그림책으로 강의하고, 책을 쓰는 일 자체가 나의 소명이 아님을 기억하며 걸으려 한다. 그것은 오늘 내게 주어진 도구다. 내가 걷고 싶은 길에서 나는 다양한 방법으로 말할 수 있는 사람임을 잊지 않을 때 나는 불안을 덜 수 있다. 자칫 내가 걷고 있는 길과 지금 하는 일을 구분하지 못해 불안하게 끝을 바라보지 않도록 이 둘의 경계를 잘 세우며 걸어야 한다.

하루하루 길을 걸으며 어떤 일을 하는 사람이 아닌 어떤 존재가 되어 가는 과정을 익혔다. 내 길을 걷는다는 것은 고유한 나의 이야기를 품고, 나만의 목소리로 말할 수 있는 창조적인 존재가 되어 가는 과정이다. 나다운 내가 되어 가는 걸음이다.

이런 삶에 끝은 없을지도 모를 일이다. 이 땅에서 생을 마감하는 순간은 찾아오겠지만, 세상에서 유일무이한 나라는 존재가 되어 가는 길에는 막연히 불안하게 여기던 끝은 없을 것이다.

・・・

끝은 시작하는 때다. 아내로, 엄마로 살아가며 이름이 지워진 그때가 바로 나의 이름을 찾아가는 여정을 시작할 때다.

마흔에 다시 세상에 나와 그림책을 읽고 사람을 만나며 함께 걷는 이들에게 작은 힘이 되고 싶었다. 하지만 그 길은 오히려 내가 어떤 삶을 살고 싶은지, 내가 어떤 존재인지 천천히 알아가는 여정이었다. 내가 나를 응원하며 걷는 길이었다. 그 길에서 만난 많은 그림책 속 작고 여린 존재들이 나에게 응원이 되어주었다.

자신의 존재를 당당하게 외치는 개구리, 타인을 위해 죽음의 강을 건너는 파란 말, 되고 싶은 게 너무 많지만 이 세상에 단 하나뿐인 자기가 되겠다는 사인펜 자국을 보며 나도 그들처럼 살고 싶어졌다.

키오스크를 들고 떠난 올가, 하나밖에 없는 노를 들고 산속으로 간 신부, 물을 기다리다 기다리다 집을 나선 똥글이, 버스를 기다리다 마음을 바꿔 홀로 걷는 소년. 그들이 집을 나서 보라고, 너도 할 수 있다고, 함께 고유한 자신의 빛깔을 찾아 떠나 보자고 이 길로 초대해 주었다.

글을 쓰는 일 역시 나를 만나고, 나를 사랑하는 일이었다. 인색하게만 보던 지난 나의 삶을 글쓰기를 통해 한결 너그러운 마음으로 바라보게 되었다. 나를 그렇게 바라보자 비로소 내 곁의 존재들 또한 너그럽게 마주할 수 있었다. 그리고 시선을 조금 더 넓혀 세상의 연약한 존재를 향해 한 걸음 더 나아가게 되었다.

하지만 언젠가는 모든 것을 내려놓을 수 있다는 생각을 하며 걷는다. 그 끝을 알 수 없지만 이 일이 영원할 수 없음은 잘 알고 있다.

그런 날이 찾아온다 해도 슬퍼하지 않을 것이다. 다시 나를 찾아 나선 길에서 만난 나의 좋은 선생님, 그림책에 감사하며 그림책 활동가로서의 끝을 맞이할 것이다. 그림책을 향유하는 독자로 여전히 남아 나의 길, 누군가의 시작을 응원하는 길을 계속 걸어갈 것이다. 그렇게 새로운 시작인 끝을 마주하고, 나는 여전히 나로 살아갈 것이다.

끝은 멈춤이 아니다. 다시 숨을 고르는 쉼이자 새로운 시작을 위한 초대장이다. 그림책이 우리에게 들려주었듯, 삶의 모든 끝은 또 다른 시작을 품고 있다.

길 위의 쉼표

- 나는 어떤 모양의 끝을 마주하고 있나요? 그 끝의 또 다른 얼굴인 새로운 시작을 기대하고 있나요?
- 끝 모를 길을 걷고 있는 당신에게 《너 자신을 믿어》 (커스틴 반리에르데 글, 로 그랑크비스트 그림, 한울림어린이)를 읽어 드리고 싶어요.

| 길 위에서 만난 사람 4 |

차와 에니어그램이 있는
소박한 공간

조오 글·그림, 《나의 그늘》

글 없는 그림책 《나의 그늘》은 작가의 전작 《나의 구석》의 후편이라 할 수 있다. 까맣고 작은 까마귀가 자신의 구석, 즉 집을 채운 뒤 마침내 세상을 향해 손을 내민 이후의 이야기다. 조그마한 창을 낸 까마귀는 조금 더 세상으로 다가선다. 집에 있던 화분 속 나무를 집 밖에 심는다. 나무가 크게 자라 어쩔 수 없는 선택이었지만 이를 계기로 까마귀의 삶은 예상치 못한 방향으로 흘러간다.

세상을 향해 낸 작은 창을 시작으로 삶의 터전을 공동체에 내어놓는 까마귀를 보며 떠오르는 사람이 있다.

7년 전, 우리 동네 작은 책방에서 그녀를 처음 만났다.

우리는 북토크에 참여자로 나란히 앉아 있었다. 그때 이미 그녀는 차에 관한 책을 쓴 저자였고, 집에서 에니어그램으로 소박한 모임을 운영하고 있었다. 단아한 첫인상처럼, 자신의 삶을 반듯하게 다듬어 가는 사람이었다.

그녀는 남편의 공부를 위해 외국에서도 살았다. 타국에서 아이를 키우며 힘든 시간을 보냈지만, 귀국한 후 시부모님을 모시고 사는 삶도 만만치 않았다. 많은 시간 인내하고, 때로는 힘에 겨운 어둠의 시간도 있었다. 그러나 그 덕분에 자신과 타인과의 관계를 더 깊이 성찰할 수 있었다. 그 시절 만난 차와 에니어그램은 좋은 도구이자 스승이 되어주었다.

정성껏 차를 준비하는 과정은 자신을 정화하는 시간이기도 했다. 사람들과 함께 에니어그램을 공부하며 이야기 나누는 시간은 관계를 성찰하는 시간이었다.

그렇게 자신을 돌보고, 곁에 있는 이들과 마음을 나누며 걷다 보니 십여 년의 시간이 흘렀고, 그녀는 자그마한 공간에서 차와 에니어그램으로 사람을 만나고 싶다는 꿈을 품게 되었다. 먼 훗날로 미루어 두었던 꿈은 어느 날 갑자기 현실로 이루어졌다. 꽃이 가득한 봄날, 그녀는 계약서에 도장을 찍었다. 창밖으로 노란 벽돌집과 나무들과 파란 하늘이 보이는 소박한 공간의 주인장이 되었다.

아담한 공간은 그녀를 똑 닮았다. 고요하지만 설렘이 넘실거리는 이곳에서, 그녀는 찾아온 이들과 차를 나누며 마음공부를 함께 한다. 자신을 알기 위해 내디딘 첫걸음은 이렇게 타인에게 이르렀다. 세상의 셈법으로는 운영이 어려워 보이지만, 꿋꿋이 그 공간을 지키고 있다.

"다 부서져 버렸어."

그림책 속 까마귀는 나무뿌리가 퍼져 집이 무너지자 담담히 받아들인다.

까마귀는 무너진 집을 치우고, 부지런히 새로운 공간을 만든다. 그러자 나무를 기둥 삼아 모두가 편히 쉴 수 있는 쉼터가 생겨났다. 나무 그늘에서는 오늘도 친구들이 함께 삶을 노래한다.

그녀의 공간에도 찾아오는 이들의 이야기가 쌓여갔다.

그러면서 사람들의 이야기를 조금 더 세심히 듣고, 안전한 쉼터가 되어주고 싶다는 생각이 들었다. 다정하고 섬세한 환대의 공간을 만들고 싶다는 마음은 그녀를 대학원 공부라는 새로운 길로 이끌었다.

오십이 되어 시작한 심리학 공부는 쉽지 않았다. 체력과 환경이 따라 주지 않아 때론 좌절했지만, 졸업만 목표로 삼고 열심을 냈다. 그리고 누구보다 좋은 성적으로 마쳤다. 그보다 더 좋은 것은 공부를 통해 자신이 가야 할 길을 조금 더 분명하게 꿈꾸게 된 것이다.

따뜻하고 좋은 향의 차를 대접하는 그녀는 자신이 하는 일의 본질, 처음 마음을 늘 기억하려 한다. 특히 가족 관계에 어려움을 겪는 이들을 돕는 일에 관심이 많다. 또한 자신의 공간을 채운 이야기를 책으로 쓰고 싶은 꿈을 갖고 있다. 스스로 마음을 돌볼 수 있는 사람이 많아지기를 바라는 마음에서다.

그녀가 가꾼 커다란 나무 그늘은, 자신의 자리를 충실히 지키며 찾아오는 이들을 반기는 사람의 품이 얼마나 넓고 아름다운지 우리에게 보여준다.

맺는 말

최정은 글, 바바라 나심베니 그림, 《노래하는 지렁이 플랫》

나만의 목소리로

노래를 부르며

몇 년 전 '끈기의 힘'이라는 주제로 한 전집 그림책의 글을 의뢰받았다. 무슨 이야기를 할까 고민하다가, 자신의 목소리를 끈기 있게 찾아가는 어떤 지렁이의 이야기를 떠올렸다.

해마다 봄과 가을 첫 보름달이 뜨는 밤이면 지렁이 가족과 친척들은 모여 노래했다. 떠나는 계절과 찾아오는 계절에게 인사하기 위해 모인 모두의 얼굴엔 웃음꽃이 가득 피었다. 그러나 꼬마 지렁이 플랫은 이 시간이 두렵다. 조심스레 노래를 시작한 플랫의 목소리가 조금씩 높아질수록 가족들은 웃음을 참지 못했다.

  모두가 떠난 곳에서 한참 생각에 잠겨 있던 플랫은 길을 떠나기로 결심했다. 깊은 숲으로 향한 플랫은 개구리와 꾀꼬리에게 노래를 배워 날마다 연습했다. 하지만 아무리 노력해도 플랫의 노랫소리는 친구들의 웃음거리가 되고 말았다. 플랫은 더 이상 노래를 부를 수 없었다. 다 포기하고 서럽게 울고 있는 플랫에게 귀뚜라미 할아버지가 다가왔다. 할아버지는 플랫에게 작고 낮은 목소리로 이야기했다.

"네 목소리를 찾아."

  꾀꼬리와 개구리의 아름답고 우렁찬 목소리를 흉내 내려 하지 말고, 자신의 목소리를 찾아보라는 다정한 위로였다.

  플랫은 이제 자신의 방법을 찾아갔다. 서툴지만 혼자의 힘으로 자신의 목소리로 노래해 보려 했다. 필요할 땐 부끄러워하지 않고 도움을 청했다. 그렇게 하루하루 노래를 불렀다. 플랫은 더 이상 슬퍼하거나 절망하지 않았다.

드디어 다시 보름달이 뜨는 밤이 되었다. 온 가족이 새롭게 찾아온 봄에게 인사하며 노래를 시작했다.

주저하던 플랫도 용기 내어 노래를 불렀다. 함께 노래하는 지렁이들도 더 이상 웃지 않았다. 플랫의 목소리가 바뀐 것은 아니다. 비록 놀랄 만큼 아름다운 소리는 아닐지 몰라도 플랫은 자신만의 사랑스러운 소리를 찾았다. 이제 플랫은 밝고 둥근 보름달 아래서 자신의 목소리로 즐겁게 노래한다.

플랫의 이야기는 나를 알아가며 내가 좋아하는 것을 발견하고, 내가 하고 싶은 일을 하며, 나의 길을 만들려 애쓰며 걷는 나와 우리에게 보낸 응원의 노래다.

보잘것없지만 나의 일을 하며 걸어온 15년, 지금도 여전히 흔들린다. 때론 길이 보이지 않는 듯해 멈추어 선다. 그럴 때마다 플랫의 이야기를 펼친다. 그 시간 동안 나에게 해주었던 말, 강사와 작가로 만나는 사람들에게 들려주었던 말, 플랫의 응원가를 다시 한번 소리 높여

부른다.

 다시 나의 이름과 목소리를 찾아 걸으며 수없이 실패하고 좌절했다. 그런데도 멈추지 않고 길을 찾아 걸을 수 있던 것은 나에게도 귀뚜라미 할아버지가 있었기 때문이다.

> "정은아, 네 이름으로 살아. 여자도 자기 이름을 지키며 살아야 해."

 결혼식 전날 밤, 내 방에 들어온 엄마의 손에는 통장이 들려 있었다. 통장을 내 손에 쥐여주며 해준 엄마의 말. 그 말을 나는 그림책 속 귀뚜라미 할아버지의 말로 다시 썼다.
 여자도 자기 이름으로 살라는 말과 함께 통장의 돈은 너를 위한 비상금으로 남겨두라던 엄마의 당부 덕에 용기를 끌어모아 이 길을 나설 수 있었다. 그 목소리는 때때로 부는 바람 앞에서 흔들리는 걸음을 붙들어 주었다.
 엄마는 종종 당신은 바보처럼 살았다고 말씀하셨다.

그러니 너는 엄마처럼 살지 말고, 너로 살라고 하셨다. 하지만 내 기억 속의 엄마는 늘 당당하고 용감한 여성이었다. 누구보다 지혜로운 여성이었다. 말씀은 부드럽고도 단호했고, 시선은 예리하고도 다정했다. 나는 꼭 엄마처럼 살고 싶다.

그리고 나도 우리 딸에게 그런 엄마가 되고 싶다.

다만 내게 엄마가 하던 '엄마처럼 살지 말라'는 말 대신, '엄마처럼 살아'라고 자신 있게 말하고 싶다. 엄마처럼 네가 좋아하고, 네가 원하는 길로 나아가라는 말을 딸에게 전하고 싶다. 그래서 오늘도 나의 길을 걸으며 딸아이에게 물려줄 마음의 유산을 쌓아간다.

우리는 모두 자기만의 목소리로 노래할 수 있다. 앞서 걷는 이를 따라 걷기도 하고, 때론 혼자 힘에 부쳐 절망하며 슬퍼할 때도 있다. 하지만 포기하지 않고 자신의 목소리를 찾았던 플랫처럼 묵묵히 나의 걸음으로 걸어가면 된다.

이제 당신 차례다. 세상은 당신의 이야기를 기다린다. 그 누구와도 비교할 수 없는 당신만의 사랑스러운 노랫

소리를 듣고 싶어 한다.

한 걸음만 내디뎌 보자. 당신의 목소리를 찾아, 당신의 이야기를 찾아, 누구보다 아름다운 당신을 찾아 길을 나서자.

혹여 걱정과 두려움으로 망설이고 있다면 당신의 걸음을 온 마음으로 응원하는 길벗이 존재한다는 사실을 기억하며 힘차게 집을 나서기를. 그 길의 교차점에서 만날 서로를 기대하며 지치지 말고 걸어가기를.

집을 나서 걷고 있는 이 길 위에서 우리가 웃으며 마주할 날을 나는 기다린다.

그림책 목록

머리말

《난 커서 바다표범이 될 거야》(니콜라우스 하이델바흐 글·그림, 김경연 옮김, 풀빛).

1부

《문 밖에 사자가 있다》(윤아해 글, 조원희 그림, 뜨인돌어린이)
《태어나는 법》(사이다 글·그림, 모래알)
《키오스크》(아네테 멜레세 글·그림, 김서정 옮김, 미래아이)
《할머니의 저녁 식사》(M.B. 고프스타인 글·그림, 이수지 옮김, 창비)
《파리의 작은 인어》(루시아노 로사노 글·그림, 박재연 옮김, 블루밍제이)
《나는 내가 가진 힘을 믿어요》(로라 도크릴 글, 킵 알리자데 그림, 조아라 옮김, 소르베북스)

《반창고》(마라 돔페 글, 줄리아 토렐리 그림, 초록햇비 옮김, 노랑꼬리별)
《파도가 지나간 뒤》(상드린 카오 글·그림, 이세진 옮김, 웅진주니어)
《기찻길 밖을 달리면》(누리아 파레라 글, 다니 토랑 그림, 김보람 옮김, 불의여우)

2부

《노를 든 신부》(오소리 글·그림, 이야기꽃)
《똥파리 둥갈의 모험》(혀를레이부르 햐르타르손 글, 라운 플뤼겐링 그림, 최요한 옮김, 옐로브릭)
《대주자》(김준호 글, 용달 그림, 책고래)
《새벽을 배달하는 소년》(대브 필키 글·그림, 엄혜숙 옮김, 초록귤)
《문 앞에서》(안경미 글·그림, 웅진주니어)
《틈만 나면》(이순옥 글·그림, 길벗어린이)
《곰과 수레》(앙드레 프리장 글·그림, 제님 옮김, 목요일)
《개를 원합니다》(키티 크라우더 글·그림, 이주희 옮김, 논장)
《화살표》(히라타 도시유키 글·그림, 황진희 옮김, 호호아)

3부

《끄로꼬》(안드레스 로페스 글·그림, 김서정 옮김, 산하)
《멈춰서 바라보면》(아술 로페스 글·그림, 김서정 옮김, 목요일)
《하늘을 나는 배, 제퍼》(크리스 반 알스버그 글·그림, 정회성 옮김, 비룡소)
《넘헌테는 잡초여도 내헌테는 꽃인게》(왕겨 글·그림, 섬집아기)
《스쳐간 풍경들은 마음속 그림으로》(최정인 글·그림, 브와포레)